名士知己

有书 编著

 天地出版社 | TIANDI PRESS

图书在版编目（CIP）数据

典籍里的中国. 名士知己 / 有书编著. —成都：天地出版社，2022.1（2024.7重印）
ISBN 978-7-5455-6622-2

Ⅰ. ①典… Ⅱ. ①有… Ⅲ. ①历史人物—列传—中国—古代 Ⅳ. ①K820.2

中国版本图书馆CIP数据核字（2021）第210192号

DIANJI LI DE ZHONGGUO · MINGSHI ZHIJI
典籍里的中国·名士知己

出 品 人	杨 政
作 者	有 书
责任编辑	孙学良
特邀编辑	李媛媛
封面设计	今亮後聲 HOPESOUND · 胡振宇 赵晓冉
内文排版	麦莫瑞文化
责任印制	王学锋

出版发行	天地出版社
	（成都市锦江区三色路238号 邮政编码：610023）
	（北京市方庄芳群园3区3号 邮政编码：100078）
网 址	http://www.tiandiph.com
电子邮箱	tianditg@163.com
经 销	新华文轩出版传媒股份有限公司

印 刷	玖龙（天津）印刷有限公司
版 次	2022年1月第1版
印 次	2024年7月第36次印刷
开 本	880mm×1230mm 1/32
印 张	8.25
字 数	171千字
定 价	39.80元
书 号	ISBN 978-7-5455-6622-2

版权所有◆违者必究
咨询电话：（028）86361282（总编室）
购书热线：（010）67693207（营销中心）

如有印装错误，请与本社联系调换

序言 Preface

自"有书相伴,终身成长"确立为有书的品牌理念以来,有书一直都践行着帮助大家通过阅读、学习、思考、实践而不断完成自我成长,以达到"终身成长"的目标,帮助大家追求更美好的生活,创造和实现人生更大的价值,赋予生命更丰富的意义。

在此之前,自有书成立的那一天起,我们也一直都在做着这样一件事,那就是通过有效途径,带领数千万和我们一起学习的书友们,实现知识范围的拓展、认知层次的提升、思考方式的转变、个人技能的发展,从而实现无论是精神生活还是现实生活,都进入一个更加幸福的状态。

在帮助书友实现"终身成长"的过程中,产品输出文化内容,为大家带去文化价值,一直是有书内容体系的目标和意义之一,"文化"也一直是"有书"公众号最主要、最鲜明的标签。

有书的同学,尤其是新媒体的同学们都相信并感同身受地认为,文化内容带给人们的力量,绝不亚于任何其他形式,文化的作用是潜移默化又深远持久的。

我们相信"腹有诗书气自华",文化的价值是不能够量化的，持续被文化内容熏陶，在文化知识中学习进步，给人带来的改变是自内而外的。

一个人持续被文化内容影响，往往先从思想开始发生改变，当读过了足够多的好的书籍，领略过了足够优质的文化内容，内心会产生一种自信，伴随自信而生的，是眼界的拓宽，智识的增长，看待事物、思考问题的方式逐渐优化，等等。

一个人内心足够强大，会如拥有才华一样外溢，会因内部强大而改变外部条件。这也是我们坚信一个人拥有了足够丰富的文化知识，就一定能够创造出外化价值的根本原因。

传播文化内容，提供文化价值，借助博大精深的中华文化帮助大家高效成长，是有书的理念，也是有书新媒体肩负的使命。多年来，有书新媒体矢志不渝地坚持着这项使命，而这一次在"有书"公众号上开设的《名著》专刊，可以说是在践行过程中的一次创举。

新媒体的同学说，《名著》专刊的创立，传播的文化内容，给读者们带去的价值，改变的人群及取得的成就，都意义非凡，为行业仅有。

而大家所不知晓的是，在碎片化、快节奏的新媒体阅读环境下，打造一个"深耕内容，阅读历史"的日更文化内容专刊，需要克服多少困难。

好在，我们坚持了下来，并取得了日更上线400余篇原创文章，累计读者上千万等傲人成就。为此，必须要为新媒体的同学们点赞。

每一篇文化类的文章，都有其永久的价值，永久的生命力，永久的意义。

这些优秀的好文章虽然发表在了网络平台上，但文章本身的生命意义不应局限于此，因此，当得知新媒体的同学将文章策划出版成为图书时，我为此感到高兴，这是有书新媒体取得的成就，也是有书内容业务的一次丰富，更是因为我们做了这么一件非常有意义的事，传播了主流文化，借助文化的力量改变了更多的人。

在未来，有书会持续创造更有价值的文化内容，借助文化的力量帮助更多的人成长。

我们也相信，在当下，会有越来越多的人愿意去深度学习文化，感受文化的力量，在未来，会有越来越多的人因文化而成长，会因拥有丰富的文化知识而生活得更加美好、更加幸福。

有书创始人兼CEO　雷文涛
2021年6月

第一章　人生知己

管仲和鲍叔牙：知我者你 —— 003

程婴和公孙杵臼：生死大义 —— 011

俞伯牙和钟子期：高山流水 —— 019

庄子和惠子：求同存异 —— 028

羊祜和陆抗：信任不疑 —— 036

白居易和元稹：灵魂相依 —— 043

柳宗元和刘禹锡：一生挚友 —— 052

第二章　竹林七贤

山涛：心逐竹林，兼济天下 —— 061

阮籍：纯孝赤子，能哭能歌 —— 068

刘伶：酒徒狂士，放浪不羁 —— 075

嵇康：风姿独秀，高风亮节 —— 082

向秀：静默如水，以柔克刚 —— 091

王戎：一半君子，一半小人 —— 098

阮咸：音律神才，与器流传 —— 105

第三章　绝世美男

何晏：天生丽质，不用涂粉 — 115

潘安：盛世美颜，公子无双 — 122

卫玠：因为太好看而被看死 — 129

独孤信：能文能武美少年 — 137

兰陵王：美貌需用面具遮 — 144

第四章　名士僧道

荆轲：这个刺客没武功 — 153

姜维：诸葛亮的接班人 — 161

王衍：皎皎名士，跌落神坛 — 168

祖逖：闻鸡起舞，有志之士 — 175

桓温：与豪门的恩恩怨怨 — 181

法显：西天取经第一人 — 188

鸠摩罗什：身如污泥，心向莲花 — 195

玄奘：虔诚真挚的朝圣者 — 205

第五章　名人典故

伍举：楚材晋用 — 215

重耳和介子推：足下 — 222

冯异：失之东隅，收之桑榆 — 230

苻坚：投鞭断流 — 236

范蠡：鸟尽弓藏，兔死狗烹 — 243

房玄龄和杜如晦：房谋杜断 — 250

第一章 人生知己

管仲和鲍叔牙：知我者你

> 少时常与鲍叔牙游，鲍叔知其贤。管仲贫困，常欺鲍叔，鲍叔终善遇之，不以为言……鲍叔既进管仲，以身下之。子孙世禄于齐，有封邑者十余世，常为名大夫。天下不多管仲之贤而多鲍叔能知人也。
>
> ——《史记·管晏列传》

"管鲍之交"是古人经常提到的一个典故，但两个人之间的交情真正能称得上是"管鲍之交"的，却少之又少。

管仲与鲍叔牙，志向相同，兴趣相投，背景相似，因此，两人成了亲密无间的朋友。他们互帮互助，即便立场不同，也没有忘记彼此；他们精诚合作，哪怕困难重重，也始终携手并进，最终联手帮助齐桓公开创了春秋霸业。

01
一贵一贱交情见

管仲是周穆王的后代,是地地道道的"皇亲国戚",可到了他这一代,家族早已没落衰败。此时的管仲就好比三国时的刘皇叔,虽然是"根正苗红"的皇室血统,但也只能靠"织席贩履"为生。

不过管仲要比刘皇叔幸运一些,因为他还有一个铁哥们可以一起搞事业、做生意,关键时刻还能救济他一下,这个人就是鲍叔牙。鲍叔牙的父亲是齐国的大夫,虽然到他这一代已不如从前了,但鲍叔牙的手里毕竟还有些家产;虽然手中无权,但也算是衣食无忧。

不过,家境殷实的鲍叔牙,可从来没有瞧不起一穷二白的管仲,相反,他十分敬服管仲,也经常接济管仲。这对于管仲来说无异于是雪中送炭,但身为七尺男儿,又怎能靠别人的接济生活呢?

于是,管仲向鲍叔牙提了一个发财的主意——合作经商。在春秋时代,各诸侯国都奖励耕战、抑制商业,商人的地位比较低下。但管仲不在乎,只要能赚钱,商人就商人吧。

对于管仲决定的事,鲍叔牙一向予以支持,既然管仲要经商,那鲍叔牙自然是无偿提供本钱了。在创业阶段,鲍叔牙提供的本钱最多,可到了分利润的时候,管仲却总要多拿一些,而且还拿得问心无愧，仿佛理当如此。

鲍叔牙是个君子，自然不会去斤斤计较，但旁人却看不下去了。他们都为鲍叔牙鸣不平，甚至有人要为鲍叔牙出头，去教训管仲一顿，而鲍叔牙却笑道："管仲并非贪财之人，他只不过是家里穷，穷人多拿一点又有什么大不了呢？"

但管仲的运气实在太差，生意没做几天就"关门大吉"了，就连鲍叔牙的老底也被他赔个精光，于是，管仲决定弃商从政。但就算从政，管仲也是连连失利，他曾三次担任基层官员，却三次都被炒了鱿鱼。

众人都认为管仲是一个没才能的人，但鲍叔牙却自信地说道："不是管仲没有才能，而是他没有遇到识货的人而已。"

后来管仲不得已，又到军营去讨生活，但每次打仗冲锋时，他都是最后一个；每次撤退时，他倒是一马当先，比谁都积极。没过多久，管仲就被众人称作"逃兵"，得知此事后，鲍叔牙依旧为管仲辩解道："管仲不是贪生怕死，是因为他家里有老母亲要供养，所以他不得不格外珍惜自己的生命。"

鲍叔牙为管仲的多次辩白，让管仲十分感动，因为他知道：自己的老朋友并不是为自己遮掩过错，而是真正地了解自己。于是，管仲满怀深情地感叹道："生我者父母，知我者鲍叔也。"

不得不说，管仲是幸运的，若他没有遇到鲍叔牙，那他很可能就会被淹没在人们的非议之中。面对众人的非议，鲍叔牙始终对管仲不离不弃，单单是这份信任，就令人难以企及。也正是这情比金坚的友谊，让历史上多了一位名相，多了一段千古佳话。

02
各为其主心不变

公元前698年，齐僖公离世，留下三个儿子：老大公子诸儿、老二公子纠和老三公子小白。

老大诸儿顺势即位，是为齐襄公。不过这齐襄公荒淫无道，是个祸国殃民的主儿，有点见识的人都知道他这国君做不长，所以，很多人都把目光放在了公子纠和公子小白的身上。

当时，管仲和鲍叔牙分别辅佐公子纠和公子小白。这也恰恰是管仲的"投资理念"——鸡蛋要放在多个篮子里。虽然两人分属不同阵营，但二人私下依旧是好友关系。

但是，上天仿佛故意要考验一下二人的友情，让他们不得不拔剑相向。齐襄公的荒淫无道，让整个齐国人人自危，管仲预感到齐国将会发生大乱，便提前保护公子纠逃到鲁国去躲避了。与此同时，鲍叔牙也带着公子小白逃往莒国去避难。

果不其然，没过多久，胡作非为的齐襄公便被齐国大臣杀掉了。如此一来，齐国一时间没有了君主。

常言道，国不可一日无君。老大死了，老二和老三自然就成了合法继承人。而到底由谁来做继承人，自然就看谁能先回到齐国主持大事了。昔为好友，今日却是各为其主，管仲与鲍叔牙两人更是展开了斗智斗勇。

鲍叔牙一面火速出发奔回齐国，一面派人先到齐都临淄去拉拢一些朝中老臣；而管仲一面向鲁国借了大批军队，一面亲自带领狙击小队去截杀公子小白。管仲等公子小白车马行近时，张弓搭箭瞄准射去，只一箭便射中公子小白。

公子小白中箭而倒。管仲见状自然是欣喜若狂，匆匆忙忙率领人马赶回去了。

然而这一次，管仲的运气还是那样糟糕，他那一箭不偏不倚，正好射中公子小白的衣带钩，公子小白立刻装死倒下，以此骗过了"老奸巨猾"的管仲。管仲的偷袭让鲍叔牙打起了十二分的小心，他从此更加警惕，不敢有丝毫懈怠，带着公子小白马不停蹄地飞奔齐国，终于先管仲一步到达齐国。

大局已定，这次的比赛终以鲍叔牙的胜利告终。公子小白摇身一变成了齐桓公，鲍叔牙也成了当朝第一功臣。可怜的是，管仲和公子纠对此还毫不知情，他们慢慢悠悠地前往齐国，结果遭到了齐国军队的迎头痛击。

无奈之下，管仲只好带着公子纠逃回鲁国。但没想到的是，鲁国在齐国的逼迫下居然翻脸不认人，他们杀掉了公子纠，并软禁了管仲。这下倒好，投资没成功，反而有性命之忧，管仲的运气算是糟糕透顶了。

03
君子之交淡如水

齐桓公铲除政敌后，便开始治理齐国。这个时候，齐桓公想任用鲍叔牙为相，但鲍叔牙却一口拒绝了，他的理由很简单——"我不如管仲！"齐桓公听后，很是惊讶。

鲍叔牙见齐桓公如此吃惊，便接着解释说："我有五个方面不如管仲：宽惠爱民，我不如他；治国掌权，我不如他；结交诸侯，我不如他；制定礼仪，我不如他；披甲击鼓，我不如他。管仲就好比人民的父母，您想治理好儿女，就不可不用他们的父母。"鲍叔牙说来说去，其实就是一句话——要想称霸，必用管仲。

鲍叔牙的一番话，彻底打动了齐桓公，于是两人便开始计划将管仲迎回齐国。为此，齐桓公特地遣书给鲁国，叫鲁国交出管仲，否则齐军将全面进攻鲁国。

鲁庄公虽然被吓傻了，但鲁国也有明白人，这个人叫作施伯。这施伯当真是个智者，对于齐桓公想要回管仲的意图，他是一下子就给看破了。于是他连忙对鲁庄公说道："齐桓公匆匆忙忙地想要回管仲这个阶下囚，不是为了报仇，而是想任他为相。这么说吧主公，管仲之才举世罕见，恐怕当今天下也找不出第二个来。假如管仲被齐国任用，那齐国必将称霸天下，到时候，我们鲁国的日子就不好过了。"

鲁庄公听施伯赞管仲为"世间大才",差点笑出了声。在他看来,管仲就是一个干啥啥不行,只会贪财投机的胆小鬼,能是什么大才?所以,当施伯主张杀掉管仲时,鲁庄公却坚持要把管仲送回齐国,也就是鲁庄公的这个决定,改变了春秋历史的发展。或者说,一个新时代的到来,是任何人都无力阻挡的。

管仲一入齐国都门,便得到齐桓公的隆重迎接和全权任命,而管仲也没有让大家失望,他一路辅佐齐桓公,让其成为春秋时期第一位霸主。后来,管仲病重,齐桓公来到他的床前,向其询问接班人问题。

只见管仲气喘吁吁地说道:"主公,我死后,您千万不要任用鲍叔牙为相,否则就是害了他啊。"齐桓公虽然连连答应,但心里却不以为然,管仲死后,齐桓公果然任用鲍叔牙为相。但鲍叔牙这个人有点过于"刚正",他的眼里是容不下一点沙子的,所以他很快便遭到一些小人的恶意攻击,不久之后便郁郁而终了。

其实,不是管仲知恩不报,更不是他忘恩负义,而是因为他深知鲍叔牙"其为人也,好善而恶恶已甚,见一恶终身不忘"。这样的人少了一份圆融和变通,是很难在钩心斗角的官场上立足的。

管仲了解鲍叔牙,正如鲍叔牙了解管仲一样,他们之间无须说太多,因为彼此相知,从无隔阂,而这或许就是管鲍之交的真正秘诀吧。庄子有言,君子之交淡如水,小人之交甘若醴,这句话用在管鲍二人身上,真是再合适不过了。

管仲对鲍叔牙从来都没有过分的亲近与客套,甚至他都未曾说出一句感激的话;但在这世间,他依旧是最了解和关心鲍叔牙的人,哪怕在临死前,他还在为鲍叔牙担忧。而且对于管仲而言,鲍叔牙既是朋友,也是伯乐,甚至还是恩人。生活贫穷的时候接济他,名声扫地的时候支持他,性命堪忧的时候搭救他,可以说,没有鲍叔牙,就没有名震千古的管夷吾。

唐代诗人高适在《赠任华》一诗中写道:君不见管仲与鲍叔,至今留名名不移。时隔千年,管鲍二人虽已消失在历史长河中,但"管鲍之交"的深情余韵依然牢牢镌刻于人们心中。

程婴和公孙杵臼：生死大义

> 公孙杵臼曰："立孤与死孰难？"程婴曰："死易，立孤难耳。"公孙杵臼曰："赵氏先君遇子厚，子强为其难者，吾为其易者，请先死。"乃二人谋取他人婴儿负之，衣以文葆，匿山中。
>
> ——《史记·赵世家》

公元前583年的一天，一场充满血腥味的政变——"下宫之难"，在晋国爆发了。

在这场政变中，晋国的第一政治豪门赵氏，几乎满门被灭，只有一个孩子侥幸存活了下来。这便是众所周知的"赵氏孤儿"。

幸存下来的"赵氏孤儿"历经磨难，终为家族平反冤案，这才有了后来战国七雄之一的赵国。这一故事被编写成剧作，屡次登上舞台和荧幕，成了"中国古典四大悲剧"之一。

赵氏孤儿的故事之所以经久不衰，不仅仅是因为这里面有尔虞我诈的权谋、酣畅淋漓的逆袭，还因为其中隐藏着一段可歌可泣的患难之情。这段患难之情的主角,正是程婴与公孙杵臼二人。

01
一场蓄谋已久的政变

春秋时期的晋国历史,就犹如一部浓缩版的春秋史。君主之权逐渐旁落,家族之间钩心斗角,上演着一幕幕相爱相杀的大戏。在这一部长达数百年的戏剧中,有一个家族的历史最为跌宕起伏,这便是晋国的赵氏家族。

在晋文公时期,赵氏的第一位宗主赵衰曾随晋文公流亡他国,不离不弃;等到晋文公即位后,赵衰得到了重用,赵氏一族的地位也随之水涨船高。直到晋景公时期,赵衰之孙赵朔已经成了晋国一手遮天的大人物。

晋景公一直非常忌惮赵氏,因为他的父亲晋成公是赵氏一族扶持上位的。晋成公知道自己是一个傀儡,便小心翼翼地对待赵氏,还将自己的女儿嫁给了赵朔。

常言道:"木秀于林,风必摧之。"赵氏家族权倾朝野,但物极必反,晋景公表面上虽然对他们客客气气,心里却一直想将赵氏除掉,从而收回国君大权。危机,正在不知不觉中向赵氏一族靠近。

为了对抗赵朔，晋景公开始暗中培养自己的心腹，其中最得宠的一人叫作屠岸贾。这屠岸贾一直被赵家打压，早就对赵氏一族恨之入骨了。此番重新得势，自然是一心一意地帮助晋景公算计赵氏。又有谁能想到，一次山体崩塌，竟成了赵氏灭顶之灾的开始。

当时是七八月份，晋国境内的梁山因为暴雨突然崩塌。山体大面积滑坡，堵塞了河流。梁山崩塌之事本是自然灾害，但在古代却不是这么简单，那是"上天示警"，是需要有人出来负责的。于是，这件事便成了屠岸贾攻击赵氏的一个借口。

屠岸贾先是建议晋景公去太史馆占卜吉凶，接着又从太史馆带回了"刑罚不中"的卜辞。屠岸贾对晋景公说："这次上天示警，就是因为我们晋国刑罚不中啊。"

晋景公连忙问道："我晋国为何会出现刑罚不中的情况呢？"

屠岸贾接着解释道："昔日赵氏弑杀晋灵公，这是罪不容赦的大罪。而赵氏不仅未受惩罚，反而位列公堂，执政国柄多年，这就是刑罚不中啊，所以才会惹得天怒人怨，这梁山崩塌正是神灵给我们的警戒。"

究竟是屠岸贾以"神灵警戒"说服了晋景公，还是晋景公要用"神灵警戒"惩治赵氏，这都已经不重要了。重要的是，晋景公已经决定对赵氏下手了。

"刑罚不中"的流言瞬时四起，而且一传就是四年，街头巷尾，传得沸沸扬扬。这使朝堂之上的士大夫们，也对赵氏充满了一种敢怒不敢言的抵触情绪。

此时，铲除赵氏的呼声在朝野已经非常高了，晋景公和屠岸贾也是时候主动出击了。

02
一个牺牲自我的计划

晋景公十七年的一个夜晚，公室的军队悄悄包围了赵氏族人居住的下宫。屠岸贾在下宫府前贴出告示，向世人公布赵氏族人的罪状。一夜之间，不分男女长幼，赵氏全家上下共计三百多口纷纷被杀。

赵氏家主赵朔的夫人庄姬公主因为是国君胞姐，躲过一劫，被士兵们送回了王宫，不过此时的她已怀了身孕。在这生离死别之际，赵朔对庄姬公主说道："如果生男子，他就叫赵武，当为赵氏复仇；如果生女子，她就叫文嬴，赵氏宗庙灭亡也是天意！"

可以说，赵氏一族的存与亡，完全取决于这个尚未出生的孩子。因此，要保全和消灭赵氏的两方，都在紧紧盯着这个尚未出生的遗腹子。

想要保全赵氏的一方，是赵朔的门客公孙杵臼以及赵朔的好友程婴。公孙杵臼曾问程婴，为什么没有为朋友殉难，程婴回答说:"朔之妇有遗腹,若幸而男,吾奉之,即女也,吾徐死耳。"程婴虽已抱定殉难的决心,但却把保全赵氏后代的责任放在了首位。

几个月后,庄姬公主生下一个男婴,取名赵武。但这一切都逃不过屠岸贾的眼睛,他想斩草除根,以绝后患,于是便立刻到宫中搜查这个孩子。

为了躲避追查,庄姬只好将婴儿赵武藏在自己的胯下,并祈祷道:"赵氏宗族如果绝嗣,他就会哭叫;如果不该灭亡,就不会出声。"

也许是天可怜见,在屠岸贾搜索时,赵武竟没有啼哭,赵氏宗族也因此留下了复兴的希望。但屠岸贾依然不肯善罢甘休,他为搜出赵氏孤儿,便假传君命,要将全国半岁以下、一月以上的婴儿全部杀掉。

为寻万全之策,程婴私下找到公孙杵臼商量办法。公孙杵臼问程婴说:"个人一死难,还是扶持孤儿难?"程婴答道:"个人一死容易,扶持孤儿却难。"公孙杵臼接着说:"赵家的先君们曾厚待您,那就由您来做这难事吧,而我来做容易的事,我会用生命来为您掩护。"

于是,程婴使了个"偷龙转凤"之计,他将自己的儿子包上华贵的襁褓,并将之交给公孙杵臼。公孙杵臼带着这假赵氏孤儿,一路跑进山里,藏了起来。

如今已是万事俱备,只欠东风。而这东风,正是程婴自己。

在公孙杵臼带着孩子逃进山里后，程婴却主动找上了屠岸贾，并声称，只要给他千金赏赐，他就说出赵氏孤儿的藏身之处。

屠岸贾听后大喜，立刻派人和程婴一同去捉拿公孙杵臼和那个婴儿。当公孙杵臼见到程婴时，他强行压住了眼泪，并装出义愤填膺的样子，大骂程婴是无耻小人，既不能为朋友死难，还出卖朋友遗孤。

只见公孙杵臼仰天大呼："天乎！天乎！赵氏孤儿何罪？"就这样，公孙杵臼与那个假的赵氏孤儿一同惨遭毒手，而程婴却怀着悲痛和仇恨，带着赵武一起隐居于深山之中。

03
一段刻骨铭心的友谊

岁月如梭，转眼间，程婴与赵武在山中生活了十五年。而晋景公在灭了赵氏一族后，便开始梦魇缠身，最后忧郁成病。于是，晋景公招来当时的韩氏家主韩厥，向他询问病因。

韩赵两家一向交好，韩厥早年更是受过赵家父子的恩惠，当初悄悄护送赵武出宫的人正是他。他见晋景公病魔缠身，便借机为赵氏求情："以赵衰的功勋与忠诚，在晋国竟然没有继承他爵位的后人，今后为国家做好事的人谁不害怕啊？古时的贤明君王，他们的家族都能享受几百年的俸禄和爵位，难道他们的后代中就没有恶人吗？不是的，虽然他们也有不肖子孙，但那些子孙依靠着先代的功德，也能够避免祸患。"

晋景公听后，恍然大悟，深觉自己愧对赵氏先辈，确实不成体统，于是便问韩厥，赵氏是否还有后人存在，韩厥趁机提到了受程婴保护的赵武。于是，赵武被晋景公迅速召入宫中。

此时的赵武已是少年，晋景公命赵武面见群臣，并宣布其为赵氏之后，并使其复位，重为晋国大族，列为卿士。重新复位的赵武做的第一件事，便是带人攻杀了屠岸贾，诛其全族，为赵氏家族完成了复仇。在之后的时间里，赵武成长迅速，一跃成为晋国独当一面的重臣。

不知不觉五年过去了，赵武已经二十出头了，要按例举行冠礼。程婴看着已经成人的赵武，心中终于回归了平静，因为他没有辜负好友当年的期望。程婴对赵武说道："当年下宫之难，赵氏家臣大多殉主。我不是苟且偷生，而是为了担起扶立赵氏后人的责任。如今，我的责任已经完成了，我也该到九泉之下去见家主与公孙杵臼了。"

赵武闻言，大惊失色，连忙顿首劝阻。可程婴却淡然说道："我当初与公孙杵臼有约定，他先我而死，是对我的信任。如今，我已经完成了任务，如果不去告诉他，他会认为我还没有完成任务的。"说罢，程婴便拔剑自刎，从容而死……

公孙杵臼与程婴本可以在下宫之难中袖手旁观，以保全自身，但忠诚和友情，指引着他们走上了另一条路——一条不归路。他们用自己的生命延续了赵氏家族的命脉,用自己的生命为"生死之交"四个字赋予了最好的诠释。这是命运的安排,更是良知使然。

明末清初"三大儒"之一的顾炎武在《义士行》中写道:"自来三晋多义士,程婴公孙杵臼无其伦。"他们的故事虽然成了一幕悲剧,但他们的人生却依旧完美无失,因为他们的人格从未缺失,他们的精神昭然不灭。

俞伯牙和钟子期：高山流水

伯牙善鼓琴，钟子期善听。伯牙鼓琴，志在登高山。钟子期曰："善哉！峨峨兮若泰山！"志在流水。钟子期曰："善哉！洋洋兮若江河！"伯牙所念，钟子期必得之。伯牙游于泰山之阴，卒逢暴雨，止于岩下；心悲，乃援琴而鼓之。初为霖雨之操，更造崩山之音。曲每奏，钟子期辄穷其趣。伯牙乃舍琴而叹曰："善哉，善哉，子之听夫！志想象犹吾心也。吾于何逃声哉？"

——《列子·汤问》

一人是精通琴艺的晋国上大夫，一人是戴斗笠、披蓑衣的粗鄙樵夫，两个看似不会有交集的人，却因为一曲《高山流水》，成为一对千古传颂的至交典范。他们就是春秋时期的俞伯牙和钟子期。

人这一生，相识百人，不如知己一人。

何谓知己？看一看"高山流水"背后的故事，或许就能明白。

01
蓬莱仙境苦练琴

高山流水遇知音的故事流传了几千年,伯牙抚琴,子期静静聆听,这段经典友谊被无数后人传颂为"知音"的典范。回顾历史才发现,俞伯牙最初在琴艺上并没有达到登峰造极的境界。

《琴操》《乐府解题》中均记载过伯牙学琴的故事。俞伯牙是春秋时期楚国人,他从小就非常聪明,由于天赋极高,得以拜当时很有名气的琴师成连为老师。

三年之后,成连已将全部的技艺传授给俞伯牙,伯牙也学得很好,琴艺大成后成为当地很有名气的琴师。但他也有自己的苦恼,觉得自己在琴艺上还能够达到更高的境界,但始终不得要领,不能够"精神寂寞,情致专一"。

然而老师成连却坦言自己只能教弹琴技艺,至于艺术的领悟和感受方面,他也不是很擅长。但是成连的老师方子春是一代宗师,在移情方面非常擅长。于是,俞伯牙准备好了充足的食物,与老师一起乘船至东海找方子春继续深造琴艺。

当船行至东海的蓬莱山时,成连借口要去接老师过来,便离开了。很多天过去了,成连老师却再也没有回来。伯牙抬头望着波涛汹涌的大海,再回望岛内一片寂静的山林,只听得:"海水汩没澌澌之声,山林窅冥,群鸟悲号。"孤独寂寥的心情可想而知。

这个时候，伯牙触景生情，一种奇妙的感觉油然而生，耳边仿佛响起了大自然的和谐旋律。仰天长叹之后，伯牙音随意转，大自然的美妙和自己的忧伤仿佛合而为一，都融合进了曲子：

繄洞渭兮流澌濩，舟楫逝兮仙不还。
移情愫兮蓬莱山，钦伤宫兮仙不还。

这便是后世传诵的《水仙操》。伯牙豁然开朗，原来是成连老师故意让自己身处孤岛，整日与海为伴，与树林飞鸟为伍，独自感受大自然，这才真正体会到了艺术的本质，创作出了真正的传世之作。

俞伯牙就这样成了一代杰出的"琴仙"，他的琴声能够模仿大自然中的很多声音，并且能够表达各种感情。荀子在《劝学篇》中曾这样讲："伯牙鼓琴，而六马仰秣。"凭借着高超的琴艺，伯牙先是被任命为晋国宫廷乐师的首席，后来又被任命为晋国上大夫。

人生虽平步青云，然而高处不胜寒，世界如此之大，真心能够听懂他曲子的人并不多，理解他琴意的更是一人没有。这种孤独，比置身于孤岛更甚。

02
高山流水遇知音

有一次,俞伯牙奉晋君之命出使楚国,在返回的途中,他心系故国的山水,一路走走停停。中秋那天,他乘船来到汉阳江口时遇到了暴风雨,由于为风雨所阻,伯牙不得不将船停泊在岸边等待雨停。

云开月出时,风浪渐渐平息,伯牙望着天空中的一轮明月琴兴大发,开始专心抚琴。正当他沉醉在优美的琴声中,忽然觉得手下一紧,琴弦被拨断了一根。

琴有误,高人顾。按照当时的说法,若有势均力敌的高人相遇,乐器因为通人性会做出一定的反应,比如断弦等。作为琴中高手的伯牙向来自负,不信这荒野山林中有懂自己琴艺之人,便命仆人去寻找,却见仆人带过来一个衣衫褴褛的樵夫,这个樵夫便是钟子期。

子期告诉伯牙他生活在汉水边,以砍柴为生,闲暇时喜欢读书,刚才被美妙的琴声吸引,这才不由得听了起来,并非有意偷听。伯牙借着月光打量着樵夫,果然身旁放着一担柴,伯牙不信樵夫能听懂自己的曲子,便有心为难:"你既听得懂琴声,那就说说看我弹的是什么曲子。"

樵夫淡定回答:"先生刚才弹的是孔子赞弟子颜回的曲谱,只可惜,到第四句的时候,琴弦断了。"伯牙感慨自己以貌取人,暗暗赞叹樵夫的谈吐不凡,便邀樵夫到船上细谈。接着樵夫子期又认出伯牙所弹之琴为伏羲氏造的瑶琴,又把这瑶琴的来历说了出来:"此琴材质取自梧桐树,且只取中间部分,放置于江水中浸泡七十二天,后择良辰吉日制作而成。此琴抚到尽美尽善之处,啸虎闻而不吼,哀猿听而不啼,乃雅乐之好处也。"

当今能知此琴来历的人并不多,伯牙心中不由得暗暗佩服,却也担心他是"记问之学",忍不住再次考验子期:孔仲尼鼓琴于室中,见猫方捕鼠,颜回能闻琴中贪杀之意。我心中所念,足下能闻而知之否?

于是,伯牙便抚琴弹奏,请子期辨识其中的寓意。这便是《列子·汤问》中记载的"高山流水"的故事:

伯牙心中想着巍峨的高山,子期回应道:"善哉!峨峨兮若泰山!"伯牙又鼓琴一曲,意在潺潺流水,子期回应道:"善哉!洋洋兮若江河!"伯牙听后不禁惊喜万分,自己琴声表达的意境过去从未有人能听得懂,而眼前的樵夫竟能听得明明白白。伯牙到子期面前一揖到地,感慨竟在这野岭之地,遇到了久久寻觅不到的知音。

合意客来心不厌,知音人听话偏长。两人在船中伴着美酒畅谈,越聊越投机,不觉便到月淡星稀,东方发白。分别之时,两人竟生出些难舍难分的感觉,便结为金兰。伯牙邀请子期随行同游,但子期以"父母在,不远游"遗憾拒绝,伯牙赠黄金二笏,并且约定明年中秋再到此地相会。

03
集贤村里高人藏

世人多感慨伯牙与子期"高山流水遇知音"的故事，却不知樵夫子期与上大夫伯牙的知音之遇并非偶然。和伯牙相比，史书中对于钟子期的介绍少之又少，只是提到子期也是楚国人。据《左传》记载，钟子期虽为樵夫，却是楚国宫廷琴师钟仪的族人。

公元前582年，晋侯在军中视察时发现了郑国献来的楚国囚犯钟仪，钟仪自称是伶人，所弹奏的调子都是南方楚调。晋侯被钟仪不忘故土的精神所感动，便把他送回了楚国。由此可见，钟子期一族世代为楚国的宫廷乐师，所以他绝不是普通的樵夫。

还有一种传闻，钟子期之父最初是远近闻名的民间乐师，就在他名声日隆之时，被召进宫中做宫廷乐师。擅长弹琴鼓瑟的钟父凭借自己的技艺在宫中站稳了脚跟，也在这里遇到了自己一生的挚爱。然而那时的宫女都是属于国君的，后来宫女怀孕了，钟父便想尽办法带着宫女逃到了集贤村，钟子期便在这里出生了。

集贤村是一个贤隐集聚的地方，都是隐姓埋名的人家，所以钟子期耳濡目染的都是贤人之范，为人处世也有君子的风范。由于继承了父亲的音乐天赋，聪颖灵慧的钟子期对于音乐有着独特的领悟能力。尽管如此，他却选择做一个隐居于山林间的樵夫，闲云野鹤的生活虽谈不上光宗耀祖，却也是怡然自得。所以钟子期虽是樵夫，在音律方面的造诣却非常人能比。

据《吕氏春秋》记载，有天晚上子期听到有人击磬的声音甚是悲伤，天亮之后唤来击磬者问道："为何你击磬的声音如此悲伤？"击磬者回答说："我的父亲杀人不成，自己却送了性命。我的母亲受连累成了官府的奴隶，我也因此为官府击磬。我三年未见母亲，昨日偶然遇见，打算为她赎身，却没有钱财，自身又为官府所有，因此悲伤。"

子期说："悲在于心，而不在手，亦不在木石之上。人感到悲伤，而木石相应，是至为真诚的缘故。"由此可见，子期不只是古琴的知音，于其他乐器亦如此。

04
留得贤名万古扬

一个是行于世的高手琴师，一个是隐于村的懂琴之人，相识已是幸运。但世事无常，伯牙心怀子期，第二年的中秋他如约来到汉阳江口，却没有等到钟子期前来赴约。

伯牙便焚香抚琴召唤这位知音，却发现琴声哀怨凄切。伯牙担心子期若非父丧，必是母亡，所以才宁失信于他，不肯失信于亲。伯牙便这样一夜未睡，只等天明上崖探望知己。第二天伯牙向一位老人打听子期的下落，才知钟子期已经染病去世。

至于子期去世的原因，史书中无确切记载，有传说钟子期念伯牙知遇之恩，白天砍柴，晚上攻读史书，数月之间便心力交瘁而死。临终前曾留下遗言，要把坟墓修建在江边，这样到八月十五相会时，才能听到伯牙的琴声。

伯牙听到老人的话，万分悲痛。曾经的知音，如今变成了山野中的一抔黄土。痛失知音的伯牙来到钟子期的坟前，凄楚地弹奏了一曲《高山流水》，之后便挑断了琴弦，把心爱的瑶琴摔在了青石上。这便是冯梦龙的《警世通言》中记载的，俞伯牙摔琴谢知音的故事。

摔碎瑶琴凤尾寒，子期不在与谁弹？春风满面皆朋友，欲觅知音难上难！据史料记载，伯牙自此不再染指音乐，痛失知音的遗憾一直陪伴他的终生。"绝弦谢世人，知音从此无。"两位知音的友谊感动了后人，如今在他们相遇的地方，筑起了一座古琴台。

千金易得，知己难求。明代冯梦龙将伯牙子期的友情总结为四句话："势利交怀势利心，斯文谁复念知音！伯牙不作钟期逝，千古令人说破琴。"高山流水遇知音的故事至今仍被人们传颂，这或许是因为知音如爱情一样，可遇而不可求。

高朋满座，客似云来，然而能够真正交心的又有几个？就如同曹雪芹在《红楼梦》中说的："万两黄金容易得，知心一个也难求。"行色匆匆的人世间,若有一人能分享生命中的悲喜,将是平凡人生中的珍贵,这个人不一定要朝夕相处,却要能心有灵犀。

庄子和惠子：求同存异

> 庄子与惠子游于濠梁之上。庄子曰："鲦鱼出游从容，是鱼之乐也。"惠子曰："子非鱼，安知鱼之乐？"庄子曰："子非我，安知我不知鱼之乐？"惠子曰："我非子，固不知子矣；子固非鱼也，子之不知鱼之乐，全矣！"庄子曰："请循其本。子曰'汝安知鱼乐'云者，既已知吾知之而问我。我知之濠上也。"
>
> ——《庄子·秋水》

庄子在《山木篇》（出自《庄子·外篇》）中，借子桑雽之口说："君子之交淡若水，小人之交甘若醴。"君子之间的感情淡泊却心灵亲近，小人之间的感情浓烈却会利尽义绝。对生活拥有敏锐洞察力的庄子，一语道破友谊的真谛，千年来深受世人认同。

01
吾谁与归

米缸又空了,庄子犹豫再三,披上打着补丁的粗布外衣,踏着草鞋,来到监河侯家里,打算借点粮食。监河侯见庄子来借粮,说道:"行。我马上要收封邑的税金了,到时候我借你三百金,怎么样?"

庄子变了脸色,有些气愤地说起他遇见的一条鲫鱼。那条鱼在干涸的车辙之中挣扎,向庄子祈求斗升之水活命。而庄子说:"我去南方游说吴越的王,然后引西江之水来迎候你,可以吗?"

那鲫鱼愤然作色说:"我失去日常生活的环境,没有安身之地。眼下斗升之水就能让我活命,而你竟然说这样的话,你干脆早点到卖干鱼的店里找我吧。"庄子对世道感到失望。

这世上有一种交往,是没有利益,便没有义气。天下人沉湎于物欲而虚伪待人,让庄子感到十分寂寞。请庄子出仕的王侯比比皆是,只是他视富贵荣华如敝屣,不愿于乱世中沉浮。可他一贫如洗之时,却无人愿伸出援手,无人能率真对话。

寂寞无形,变化无常,庄子唯有"独与天地精神往来"。固然有"一览众山小"的至高境界,却亦有"高处不胜寒"的孤单。直到他遇见惠子。

惠子总是在梧桐树下与人高谈阔论,他学富五车,才华横溢，逻辑言论皆是登峰造极。庄子停下了逍遥而寂寞的脚步，他看到了世间另一个生命，如自己一样，对道无比热诚的追寻。当庄子尝试与惠子交谈，他感受到了坦率和尊重，包容与真诚。

庄子说："射箭的人不预先瞄准却中了靶，就称他善于射箭，那可以说普天下都是像羿那样善射的人吗？"惠子肯定了庄子的逻辑："可以。"

庄子又说："天下人没有共同认可的正确标准，却以各自的正确为正确，那可以说普天下都是像唐尧那样贤明的人吗？"在逻辑上仍然没有问题，惠子说："可以。"

接着庄子说："那么郑缓、墨翟、杨朱、公孙龙四家，跟先生你一道便是五家，到底谁是正确的呢？"郑缓，先秦儒士；墨翟，即墨子；杨朱，开创杨朱学派，重视个人利益；公孙龙，战国名家代表人物之一。言下之意，你们各自执着于自己的正确，就像射箭而没有找到瞄准的方式，你们的论辩永远只是流于表面。

惠子坦率承认说："如今郑缓、墨翟、杨朱、公孙龙跟我一道辩论，相互间用言辞进行指责，用声望压制对方，从不曾认为自己不正确，那又怎么样呢？"惠子与人交流的态度率直真诚，这让庄子心中欣赏。

但洞察世事、为人犀利的庄子，看到惠子追求道而迷失于言辞诡辩，总忍不住讽刺惠子。惠子没有因为庄子的犀利而恼怒，反而在庄子的锋芒之中看到了他的才华。少与人言又话锋犀利的庄子，因为惠子的包容和豁达，总能生出无穷的表达欲望。

真正的志趣相投，不仅仅是浮于表面的亲近认同，更在于灵魂深处的彼此发现、相互欣赏。才华相当，故而交流中有无穷乐趣；认知不同，却能因对方体味另一个世界。

02
和光同尘

与庄子交往越深，惠子越了解到他的绝世才华。当庄子一次次谈论逍遥自由的境界，一次次拒绝出仕为官，拥有积极入世之心的惠子不禁说道："你的言论没有用处啊。"

庄子回答说："懂得无用才能谈论有用。天地不能不说是又广又大了，而人所使用的只是脚下踩的这一小块罢了。那么，只留下脚踩踏的这一小块，把其余的都挖掉，一直挖到黄泉。这大地对人来说，还有用吗？"

惠子说："当然没用了。"

庄子说："如此说来，无用之用，也就很明确咯。"惠子如何不知庄子所谓"无用之用"，只是他一直痛惜挚友拥有天纵之才，却只肯做"其余的地方"，而不是"脚下踩踏的那一块"。

无人生来就有一颗无用之心。是"窃钩者诛，窃国者为诸侯"的乱世和"王公大人不能器之"的现实，让庄子不得不出离尘世，在绝对自由的精神境界里保全自我、寻求解脱。

可无用的处世哲学真的能够保全自己吗？惠子不止一次地质疑这一点。他告诉庄子说，魏王曾经送给他大葫芦的种子，大葫芦虽然很大，却实在无用，惠子最终把它砸了。言下之意，庄子的学问渊博，就如同超越寻常大小的大葫芦，可是若不能用于王侯国家，终究命运难测。

可庄子却反驳惠子说："那么大的葫芦，为什么不把它化作一叶扁舟，浮游于江湖之上呢。"惠子只好又说："我有一棵大树，人家把它叫作臭椿。树干上有许多赘瘤，枝干弯弯曲曲，不合规矩。它长在路边，木匠都不看它一眼。你说的大而无用，和大家所遇到的境况是有差别的。"

庄子说："你难道没有见过野猫和黄鼠狼吗？屈身埋伏在那里等待小动物，捕捉小动物时东跳西跃，不避高下；但一踏中捕兽的机关陷阱，就死在网中。再看那牦牛，它大如天边的云，却不能捕鼠。现在你有一棵大树，担忧它没有用处，为什么不把它种在虚无之乡，种在广阔无边的原野上，随意地徘徊在它的旁边，逍遥自在地躺在它的下面。这样大树不会遭到斧头的砍伐，也没有什么东西会伤害它。它没有用处，也没有困苦啊！"

庄子隐晦地提醒在魏国为相的惠子，在乱世之中做官，如同上蹿下跳的狸猫和黄鼠狼，一旦遭遇陷阱，就无处可逃。牦牛对于老鼠来说很大，却不能捕鼠。但牦牛生来不是为了捕鼠啊，它有属于自己的生活。

无论是浮游于江湖之上的一叶扁舟,还是种于无何有之乡的大树,都表达着庄子对心灵自由的渴望。两位哲人仿佛在说着与己无关的故事,却处处传达着自己与对方完全不同的人生哲学,以及对彼此生命状态的一份关怀。

知己但求其解语,此生足矣。庄子和惠子没有因为不同而彼此疏远,反而因为包容彼此的不同,而收获了此生无憾的友谊。

03
相忘江湖

庄子和惠子的每一次辩论,都让世人看到两人的才学,又看到两种迥然不同的生活境界。

庄子对世间万物都有一份超越凡俗的豁达。他曾经写下:泉水干涸,鱼儿困在陆地相互依偎,以唾沫相互湿润求得生存,不如彼此不相识,各自畅游于江湖;如果相识短暂、相处艰难,不如彼此相忘,各自自在。

庄子性情之中的放达和对人间的洒脱,让他在妻子过世之时,亦"鼓盆而歌"。惠子前来吊唁,语气少见地严厉:"你与过世的妻子在一起一辈子,她为你生儿育女直到衰老而死,你不哭泣也就算了,竟然敲着瓦缶唱起歌来,实在过分了!"

庄子便向惠子说起自己的生死观。在庄子眼里,生死跟春夏秋冬四季运行一样。从出生变回了死亡，是一种自然规律，庄子不愿围着过世的妻子呜呜啼哭，因为他已通晓天命。

尽管庄子能够超脱生死，却仍无法躲开人间孤独。当惠子离世之时，庄子经过惠子的墓前，说起郢地的一个人。郢人在鼻尖涂抹如蚊蝇翅膀大小的白垩泥，而匠石能够挥动斧子，轻松地砍削郢人鼻尖的那一个小白点，鼻子一点也不会受伤，郢人也泰然自若。可是自从郢人过世，匠石再也不能"运斤成风"（挥动斧子呼呼作响），完成这样高难度的技艺了。因为可以和他搭档的伙伴去世了。

庄子说："自从惠子过世，我没有能够匹敌的对手，没有可以对话的人了。"再没有人能听懂庄子话语里的机锋，再没有人能包容庄子特立独行的性情。庄子不曾因为死亡而落泪，却因为惠子的离开而不再与人言。

庄子又回到了最初的孤单寂寞，"独与天地精神往来"。世间芸芸众生，一个人真正懂得另一个人的思想、志趣、选择，是多么难能可贵。世间的真情，无关于贫贱富贵，不拘于岁月长短。是灵魂深处的相知，让彼此成为一生的无可替代。

后来，庄子行将就木之时，弟子们打算用很多东西陪葬。庄子说："我以天地为棺椁，以日月为连璧，以星辰为珠玑，万物都是我的陪葬。"他此生逍遥自在，对世间无所留恋。拥有他至深情谊之人，已先一步回归死亡。尘世中最令他眷恋的，或许是与挚友的点滴回忆。

濠水桥上有他们并肩漫步的身影，辩论人能不能知道鱼儿之乐；大梁城中有他们相见玩笑的画面，一人视宰相之位为臭老鼠，一人珍重视之。庄子一生隐世，齐万物、任逍遥；而惠子一生为官，合同异、辩名实。

他们之间思想交锋，而并不相互贬低；他们对人生追求迥异，而从未彼此嫌弃。因为对方，他们看到了生活的不同可能；因为彼此，他们懂得了包容万物的差异。

庄惠之情，超越了贫富高低，超脱了世俗成见。最好的关系，从来无须迎合对方，从来无须迷失自己，而是相互欣赏，彼此成全。

羊祜和陆抗：信任不疑

> 祜与陆抗相对，使命交通，抗称祜之德量，虽乐毅、诸葛孔明不能过也。抗尝病，祜馈之药，抗服之无疑心。人多谏抗，抗曰："羊祜岂鸩人者！"时谈以为华元、子反复见于今日。抗每告其戍曰："彼专为德，我专为暴，是不战而自服也。各保分界而已，无求细利。"
>
> ——《晋书·羊祜传》

羊祜，西晋重臣；陆抗，东吴名将。二人分属不同阵营，却给后世留下了"羊陆之交"的典故。

既为敌对，何来交情？

01
战场，初次交锋

公元272年，距离蜀汉灭亡已经整整九年。司马炎篡位称帝，建立晋朝，也有七年之久。三国鼎立的格局，也只剩下两国对峙了。依靠长江这道天险，东吴还在抵抗。八月，吴主孙皓突然征召昭武将军、西陵督步阐，回都城建业（今南京）。

接到调令的步阐，内心忐忑不安。吴主荒淫无道，残暴不仁。步阐担心此行是祸非福，思虑再三，决定投降西晋。晋武帝司马炎大喜过望，当即对其"拜卫将军、开府仪同三司，封宜都公"。

司马炎不但对步阐封侯拜将，还命荆州刺史杨肇带兵前去接应步阐；又命手下重臣羊祜统帅步兵进攻江陵、巴东军徐胤率水军攻打建平，救援步阐。晋军三路齐发，浩浩荡荡而来。

西陵，乃东吴之险要。司马炎一旦拿下西陵，便可沿长江顺流而下，直逼东吴腹地。东吴镇国大将军陆抗，临危受命，肩负平定步阐之乱的重担。

陆抗深知西陵之重要性，催逼各军筑造高峻的围墙，好对内围困步阐，对外抵御晋军。但手下武将建议集三军精锐，先行拿下步阐，也就不必如此苦劳。

陆抗深知攻城非一日之功，到时北边晋军到来，东吴军队被里外夹击，情况危急。但诸将战心烈烈，陆抗为服众，便听任他们试攻城一次，果然一无所获。众将这才齐心协力，加紧筑围防守。

这边刚建好，羊祜就带着五万晋军到达江陵。吴军诸将都认为不宜出兵，陆抗力排众议："江陵城因兵足，无可忧者。"即使吴军不能守住，敌军占领江陵，我方损失也不大。若晋军占据西陵，则南方的夷人很可能趁机作乱，后患无穷。

主意已定，陆抗带兵前往西陵。当初，陆抗曾命人在江陵北修造大坝，以防敌人入侵。羊祜扬言要破坏江陵的大坝，好使步兵通行，实则想借大坝上的船运送粮草。对于羊祜的"明修栈道，暗度陈仓"，陆抗"顺水推舟"，命人火速毁坏大坝。羊祜计谋失败，只好改用车子运粮，大费人力，也贻误了战机。

拖住羊祜之后，陆抗派两路人马分别抵御住羊祜和徐胤，自己则亲率大军，对阵荆州刺史杨肇。凭着新筑的长围，陆抗固守有余，他料敌机先、将计就计，使晋军死伤无数。

杨肇兵惨败，羊祜等人也领兵而还。陆抗凭借手中的三万孤军，以少胜多，大败西晋大军。

他攻克西陵，斩杀步阐，稳定了东吴的局势。大胜而归的他脸上丝毫不见骄矜之色，只是谨慎地修缮边防，谦逊如常。

02

阳谋，风云暗涌

西陵一战，吴国大获全胜。吴主孙皓自认为是得到了上天的佑助，志向益发显扬。他让术士尚广为他占卜是否能得到天下，尚广回答说："吉。庚子年，青色的车盖会进入洛阳。"吴主大喜，不整治政令，反而一心一意谋划着兼并天下的事情。

而西晋方面，杨肇被贬为平民，羊祜也被贬为平南将军。落败的羊祜并没有忙于与陆抗开战，一雪前耻，而是暂息干戈。他另辟蹊径，采取怀柔政策，试图通过道德信义来收服民心。

他对吴国的百姓，十分宽厚仁爱。有一次，部下在边境上抓到了两个吴国小儿。羊祜见后，便命人主动将两孩子护送回去。晋军若在吴境内行走，割了谷子做口粮，全都记下所取的数量，然后一定送去绢偿还。每次与部众在长江一带游猎，羊祜都要求他们只准在晋地狩猎，不得越过吴国边界。如果猎物是先被吴人打伤，哪怕是被晋兵得到，也要送还给吴人。

和陆抗也不是不开战，但每次打的都是"君子之战"。开战之前，他必定要送上请战书，约定好交战日期。他不搞偷袭，不乘其不备，一定是等到约定日期才开战。手下将领献策，想用诡计攻打东吴，羊祜就用美酒将他们灌醉，让他们没法再说下去。

吴将陈尚、潘景率军来犯，羊祜击杀了二人，又认为两人忠心为公，死亦有节，于是下令将两人厚葬。这两名将领的儿子、兄弟到晋朝境内迎丧，羊祜也以礼相待。一来二去，东吴的官兵和老百姓十分敬重羊祜的人品，对他心悦诚服，亲切地尊称他为"羊公"。

有道是："用兵之道，攻心为上，攻城为下；心战为上，兵战为下。"很多东吴将军见状，纷纷主动前来投降羊祜。陆抗对此，心知肚明："彼专为德，我专为暴，是不战而自服也。各保分界，无求细益而已。"他施以仁德，我若一味强取，还没开战就已经输了。

陆抗告诫部下，双方各自保住疆界足矣。孙皓听说双方边境交往和谐，还为此责难陆抗。陆抗上疏孙皓，陈情缘由："一邑一乡都不可以不讲信义，更何况大国呢！我如果不遵守和平，而直接开战，只是更扬显羊祜的恩德。"他劝诫孙皓莫乱动干戈，希望孙皓能任用贤能，兴农业以富国，施仁德于百姓。但好大喜功的孙皓不以为然，对此，陆抗也无可奈何。

03
知音，英雄相惜

陆抗是吴国大将，羊祜为晋朝重臣，敌对分明。但两人之间并没有剑拔弩张的火药味。相反，大多数时候，两军相安无事，两人也能友好相处。

抛开敌对关系，羊祜和陆抗其实有很多相似之处。两人都出身名门，羊家九代高官，素以清廉著称。羊祜之母为蔡文姬的妹妹，其姐嫁给司马懿之子司马师。羊祜自己持身守正，有"当代之颜回"的美誉。陆抗，出身于江东世族，父亲是主持夷陵之战、火烧连营、一举击破刘备大军的陆逊，外祖父是"江东小霸王"孙策。

两人都是世家子弟、当朝重臣，但两人身上都不见纨绔之气，反而更谨言慎行，一派儒将风雅。羊祜素来仁义，不信奉"兵者，诡道也"。陆抗乃将帅之才，治军严谨有方。

两军对峙的那几年，两人礼尚往来，颇有些惺惺相惜。陆抗曾称赞羊祜："祜之德量，虽乐毅、诸葛孔明不能过也。"

一次，陆抗派人给羊祜送去美酒，羊祜毫无戒备，想都没想就喝。陆抗身体抱恙，羊祜得知后，就送上良药，陆抗也不怀疑，当即就服用了。许多人劝陆抗不要轻信羊祜，陆抗说："羊祜岂鸩人者！"羊祜怎么可能是会用下毒等下作手段害人的人！

虽然身处乱世，但两人用最和平、最光明磊落的方式，给了两地百姓平稳安定的生活。当然，这平和的表象下，并不是说两人忘记了自己的目的，而是双方默契下的短暂平衡。

晋朝虽兵多将广，但经西陵一战，羊祜见识到陆抗的军事才能，明白短期内想灭吴，并非易事，不愿征伐杀戮、大动干戈。而陆抗手中兵马有限，无意征战，只愿能保境安民。

但随着时间的推移，这脆弱的平衡，终要打破。公元274年，陆抗病重。他特地上疏说："西陵、建平，是国家的屏障，关系到整个东吴存亡的关键。我死了以后，请特别注意西方边境。"

不久后，陆抗在忧心忡忡中病逝。羊祜知伐吴时机已到，上疏请求伐吴。陆抗已死，吴国无大将可用；孙皓昏庸，民心正苦，此时出兵伐吴是千载难逢的良机。若是拖延，错过时机，等到吴国出现明君，届时事情便棘手，徒然多增伤亡而已。

司马炎虽然赞同羊祜的意见，但当时朝堂反对之声太大，伐吴之事一拖再拖。278年，五十八岁的羊祜带着遗憾离开了人世。第二年，司马炎按羊祜的军事部署灭了东吴。

西晋和东吴的较量，最终以东吴的灭亡落下了帷幕。但陆抗和羊祜惺惺相惜的故事，长留在历史的长河中，闪耀着独特的光芒。

生逢乱世，各为其主。虽说"自古忠义难两全"，但他们却用自己的方式全了一个"义"字，也全了忠君爱国之心。他们或许不能称为朋友，但他们对彼此的信任和欣赏，不逊于真正的朋友。

孟子曰："人之相识，贵在相知；人之相知，贵在知心。"虽然无法同席共坐、一醉方休，但他们仍是这世间难得的灵魂知己。

白居易和元稹：灵魂相依

> 居易与河南元稹相善，同年登制举，交情隆厚。稹自监察御史谪为江陵府士曹掾，翰林学士李绛、崔群上前面论稹无罪，居易累疏切谏……时元稹在通州，篇咏赠答往来，不以数千里为远。……十四年三月，元稹会居易于峡口，停舟夷陵三日。时季弟行简从行，三人于峡州西二十里黄牛峡口石洞中，置酒赋诗，恋恋不能诀。
>
> ——《旧唐书·白居易传》

人生总会遇到许多人，不同的际遇会决定不同的友情。有些人只能在寒微贫贱时共处，有些人只会在荣华富贵时同行。才情相当者，不愿成为对方的配角；志趣相投的人，也许会被名利所打败。多少看似不离不弃的友情，都在命运面前分崩离析；多少看似难舍难分的情谊，却在生死之间恩情断绝。

然而，正是因为真朋友太少，所以至情至性者才更难能可贵。当我们翻看历史时，仍会被其中的一段段友情所打动。羊角哀和左伯桃的舍命之交，伯牙和子期的知音之交，刘、关、张

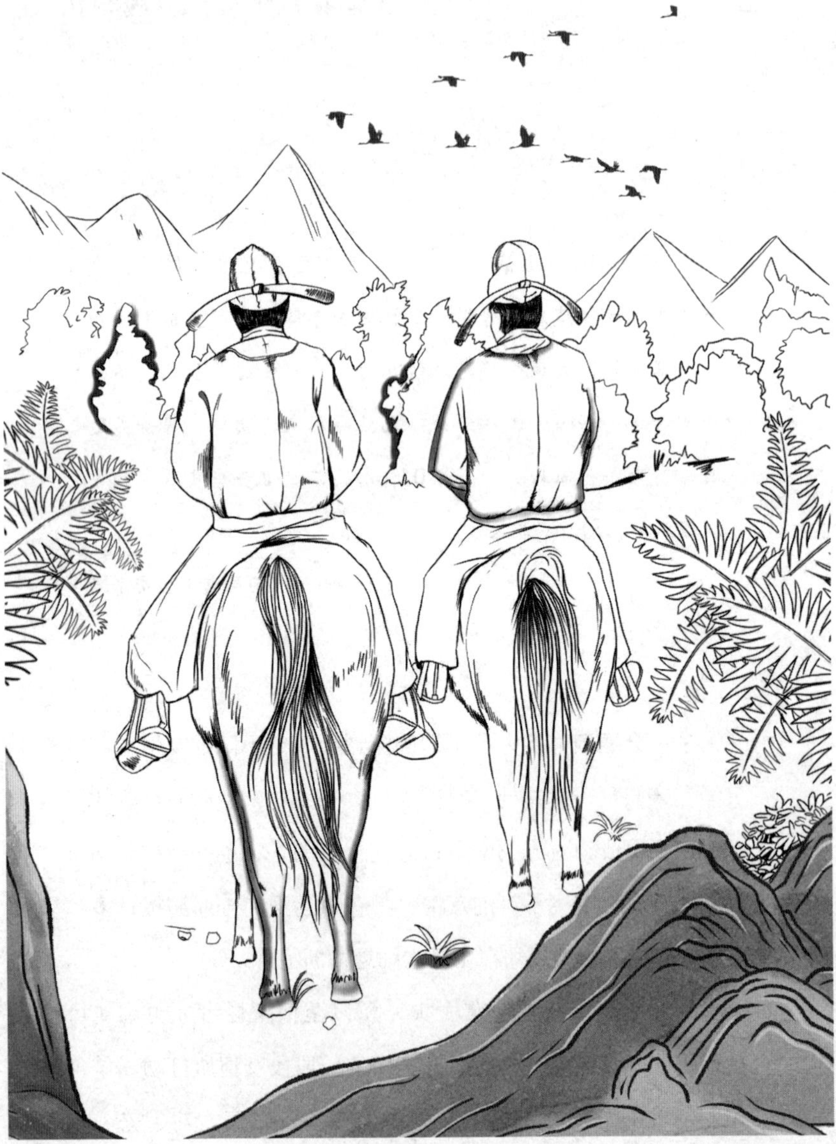

的生死之交……如这些交情一样，唐朝的"元白之交"也极为温暖。

元稹与白居易，二人相识三十年，一起同居庙堂，一同失意被贬，彼此同甘共苦，始终生死相依。哪怕彼此不见，亦会互通书信，对方的名字，几乎每时每刻都会出现在自己的诗篇之中。

人生知音难求，得一知己足矣。二人的情谊虽历经时空变换，却从未有过一丝消散。

01
心思相印亦相聚，知己难求亦难留

很多人觉得将元白二人放在一起，是因为他们作品风格相近，才情齐名。实际上，他们能让世人念念不忘的原因，除了两人的才华，还有彼此之间不变的情谊。

公元803年，元稹二十四岁，白居易三十一岁。这一年，他们一同制举登科，步入仕途，并入秘书省任校书郎。同场为官，自免不了相互攀谈。而这一聊，他们便发现彼此之间，竟有种相见恨晚的感觉。二人都出生在官宦世家，又都有一身才情，更为主要的，是双方志同道合。

在之后的日子中，两人一起工作，一起学习，一起琢磨朝廷"科策"，一起研究国家政事，闲暇之余，一同吟咏风雅，畅谈未来。白居易称元稹为"元九",而元稹称他为"乐天"。这段时间,二人形影不离,成了无话不谈的知己好友。

公元806年,白居易和元稹又一同参加策试。这一次,元稹取得了第一,拜左拾遗,而白居易位居第四,补为盩厔县尉。两人虽然暂时分开,但他们相信,两个人迟早会一起共辅朝政。

果然,没过多久,白居易便调回朝廷,与元稹同朝为官。朝堂上,他们针砭时弊,仗义执言,同进同退;私下里,两人游山玩水,登塔郊游,放飞自我。

他们还联手发起"新乐府运动",以诗寄情,咏写时事,泄导人情。清人赵翼曾评价说:"中唐诗以韩、孟、元、白为最……元、白尚坦,务言人所共欲言。"元白二人在日复一日的默契合作、惺惺相惜间,变得越来越心有灵犀。

02
心有灵犀神相契,不梦他人只梦君

有人说:"心若相知,无言也默契;情若相眷,不语也理解。"人与人之间相处久了,想法和步调便会逐渐一致,哪怕相隔天涯海角,亦会知他所想,晓他所思。白居易和元稹便是如此。

公元809年，元稹任监察御史，奉命出使东川，而白居易则被任命左拾遗，留在了长安。大好时光，白居易约了弟弟白行简和朋友李杓直一起去慈恩寺游玩，席间白居易突然非常怀念元稹，于是写了一首《同李十一醉忆元九》：

花时同醉破春愁，醉折花枝作酒筹。
忽忆故人天际去，计程今日到梁州。

这本是白居易怀念元稹之作，他自己并没有放在心上。可在随后的日子里，白居易收到了元稹的信函。信中所写，便是几日前元稹梦中所见。元稹信中写到，他梦到了白居易与他人同游慈恩寺，醒来后为缓解思念之情，写了一首《梁州梦》：

梦君同绕曲江头，也向慈恩院院游。
亭吏呼人排去马，忽惊身在古梁州。

梦境与现实竟分毫不差，白居易之弟白行简觉得不可思议，便将这个故事记录在自己的《三梦记》。而这两首诗，也成了他们神交最好的印证。《唐才子传》中曾这样描述他们："微之与白乐天最密，虽骨肉未至，爱慕之情，可欺金石，千里神交，若合符契。"

可是，人生从不会一帆风顺，感情再好，也抵不住命运的转变。公元815年，元稹二贬通州，同年八月，白居易遭权臣打压诬陷，亦被贬为江州司马。白居易被贬离京，心情自然低沉抑郁，前路茫茫，又与元稹分离，尽是无奈之事。

当满怀心事的他路过蓝桥驿时，却发现了驿亭壁上有一首元稹之前留下的诗，这让白居易备感欣喜，迫不及待地提笔写下了《蓝桥驿见元九诗》：

蓝桥春雪君归日，秦岭秋风我去时。
每到驿亭先下马，循墙绕柱觅君诗。

白居易睹物思友，以过去的怀念慰藉自己的心灵；又以诗寄情，用现在的开心驱散惆怅的情绪。元稹虽不能陪在他的身边，但白居易的心中给对方留有一个地方，上面刻满了两个人的所有点滴与回忆。

03
途距千里从不忘，同甘共苦两相随

朋友之间，从来都是相互的。你思念我如梦，我便惦念你如常。若一方有难，哪怕远在天涯，哪怕身不由己，暖心的帮助也会如期而至。

白居易被贬江州，彼时的元稹却在通州得了疟疾，奄奄一息，几近死去，可当他听闻白居易被贬的消息后，却强撑着身体，写了《闻乐天授江州司马》：

残灯无焰影幢幢，此夕闻君谪九江。
垂死病中惊坐起，暗风吹雨入寒窗。

哪怕自己病入膏肓，行将就木，也要告诉他，尽管世事无常，但我却一直和你在一起。白居易收到信后，既感动又愧疚。感动的是，虽相隔千里，元稹却仍忘不了安慰自己。而愧疚的是，自己如此小事，元稹挂念在心，他病重垂死，自己却毫不知情。

"垂死""惊坐"，这样的词语别人听后尚不忍心，更何况白居易这个至交好友。白居易心痛难耐，迫不及待为元稹回了一封书信。信中写道："此句他人尚不可闻，况仆心哉！至今每吟，犹恻恻耳。"

元稹虽在病中，可日夜思念着白居易，如今收到了他的书信，心中一块石头终于落地，难免喜极而泣。这却吓坏了妻女，因为她们从没见过洒脱不羁的元稹如此激动。

从此之后，二人常有书信往来，彼此鼓励又相互打趣。你来一句："不知忆我为何事，昨夜三回梦见君。"我回一句："我今因病魂颠倒，唯梦闲人不梦君。"两人在自己最低谷的时候，却给彼此带去了宽慰。

公元818年，白居易去忠州任职，而元稹也被调往虢州做长史，二人竟在夷陵不期而遇。久旱逢甘霖，他乡遇故知。元白二人仿佛有说不尽的话、聊不完的天，他们在此地相聚了三天，才依依惜别。白居易在《答微之咏怀见寄》中写道：

阁中同直前春事，船里相逢昨日情。
分袂二年劳梦寐，并床三宿话平生。

这个世上，总有一些朋友，哪怕天各一方，双方的感情也不会消退。真正的友情，从不会被时光抹去共同的言语，也不会因距离失去心有灵犀的默契。所谓知己，便是如此。

04
君居黄泉无人诉，我自人间独白头

公元829年，元稹途经洛阳，见到了白居易。临别之时，两人大醉一场，白居易为元稹写下：

沣头峡口钱唐岸，三别都经二十年。
且喜筋骸俱健在，勿嫌须鬓各皤然。

然而谁也没有想到,须发虽白、筋骨健在的元稹,会暴病而亡。

噩耗传至白居易处,他瞬间如遭雷击,泪如雨下。不久,元稹的灵柩被运回咸阳,五十九岁的白居易忍着悲痛,亲自提笔为至交好友写下墓志铭。

之后白居易定居洛阳,自号"香山居士",他在《修香山寺记》中写道:"予早与故元相国微之定交于生死之间,冥心于因果之际。"与元稹来世相觅,是两个人的约定。一个说,来生也要不醉不休;一个说,君子之诺,驷马难追。

白发丛生的白居易虽依旧写诗饮酒,观花赏景,可如今没了元稹,处处透着凄凉,透着孤单。

"君埋泉下泥销骨,我寄人间雪满头。"一首《梦微之》,写出了白居易心中的无奈:你已在地底安稳,却留我一人,在世间消磨,我心中痛谁人知,我的苦楚又向谁人倾诉。

元稹一别,高山流水,再无知音。《史记》中说:"一死一生,乃知交情。一贫一富,乃知交态,一贵一贱,交情乃见。"虽然生命来来往往,感情人走茶凉,可元白之情,始于志同道合,经历生死别离,最终不忘情真意切。

相知相惜未相负,只此一生守流年。白居易和元稹,用诗人的方式,给我们留下了一段千古佳话。你生在洛阳,而我葬香山,知己朋友情,莫过于此。

柳宗元和刘禹锡:一生挚友

> 时朗州司马刘禹锡得播州刺史,制书下,宗元谓所亲曰:"禹锡有母年高,今为郡蛮方,西南绝域,往复万里,如何与母偕行?如母子异方,便为永诀。吾于禹锡为执友,胡忍见其若是?"即草章奏,请以柳州授禹锡,自往播州。会裴度亦奏其事,禹锡终易连州。
>
> ——《旧唐书·柳宗元传》

唐代诗人刘禹锡极好交友,五湖四海皆朋友。然而,他心中最重要的人却只有一个,那就是柳宗元。柳宗元极为内敛,以孤独闻名于世,但是,他却与刘禹锡成为知己,生死相依。

01
一见如故

唐贞元九年(793年),早春,长安城东南,曲江岸边。风剪剪，柳依依，杏花如雪。两位俊逸的青年，骑着高头大马，离开曲江，奔向长安各大名园。

马蹄嗒嗒，蝴蝶翻飞。二人满面春风，带着采摘来的各种花草，回到了曲江岸边，相视而笑。

唐代科举后，朝廷会举办各种喜宴，闻喜宴、樱桃宴、曲江宴、月灯阁打球宴等接连不断。其中最有名、最有诗意的要数曲江宴，又称杏花宴。

宴会上会选出两位最年轻的进士作为"探花郎"，采摘长安花卉，以迎接状元。而彼时的最年轻的进士正是刘柳二人，刘禹锡二十二岁，柳宗元二十一岁。正是在这漫天的杏花雨中，刘柳开始了长达一生的友谊。

古语云："有乍交之欢易，无久处之厌难。"刘禹锡豪放外向，柳宗元沉静内敛，二人为何能长久相处呢？这是因为他们志向相同，观点一致。例如他们都认为应该对社会进行改革，都反对天命等。

贞元十一年（795年），刘禹锡结识了太子李诵身边的红人王叔文。王叔文主张改革，力图中兴唐朝。年轻的刘禹锡听了王叔文的话，热血沸腾。他不仅常和王叔文来往，还把不善交际的柳宗元推荐给了王叔文。他们常常热烈地讨论时局变化，憧憬人生蓝图。

八年后，刘柳二人均已是监察部门御史台的官员。他们紧跟力主革新的王叔文，经常参加有太子李诵在场的秘密会议。

肝胆相照，欲与天下共分秋月。意气相许，欲与天下共坐春风。贞元二十一年（805年）正月，李诵登基，王叔文集团立即推出新政。刘柳二人均升任员外郎，登上人生巅峰。他俩常常挽着胳膊，搭着肩，春风得意，如在云端。世人不敢直呼其名，只称"刘柳"。

　　只可惜，花无百日红。青云直上的刘柳，万没料到他们的人生转弯会来得如此迅速。

02
不离不弃

　　新政反对宦官专权，很快遭到宦官们的抵制。王叔文集团实力弱小，主要成员仅十人左右，且树敌过多。如果当时的刘柳二人意识到这一点，他们也许就不会那么春风得意了。

　　最要命的是，新政最大的支持者李诵身体太弱。还没被新政扳倒的宦官们以此为借口，迅速扶植李诵的儿子做了新的皇帝。于是，新政在暗沉的中唐夜空中只星光一闪，便迅疾坠落。

　　掌权者立刻开始驱逐王叔文集团的人。刘禹锡被贬为连州刺史，柳宗元被贬为邵州刺史。一腔热血，顿成冰雪。刚过而立之年的刘柳二人，此时才意识到自己还是太天真了。既震惊又迷茫的他们来不及整理情绪，便拖家带口，分别赶往被贬之地。

然而行程尚未结束，更大的灾难在他们身后风卷而来。朝廷再次贬谪二人，刘禹锡再贬朗州司马，柳宗元再贬永州司马。

昨日巅峰，今日谷底。刘柳二人以为这就是人生的至暗时刻了，然而，更残酷的事情来了——"纵逢恩赦，不在量移之限"，就算是遇上大赦，也不能被召回。原来谷底之下，尚有深渊。

到达朗州后，刘禹锡虽然苦闷，但天性豪放旷达，所以还可支撑。但柳宗元到了永州后，却连生大病，憔悴非常。因为二人都是贬官，不能随意离开贬所，所以只能书信往来。

刘禹锡先是开导柳宗元，又以自己早年久病成医的经验，给柳宗元提了很多养生建议，还开了一些方子。柳宗元病渐渐好了，人也开朗起来，加上司马是个闲职，他开始游山玩水。正因为如此，才有"永州八记"这样的美文流传至今。柳宗元反过来建议刘禹锡去游览朗州的风景，刘禹锡欣然同意。

除此以外，他们还探讨书法诗文，畅聊家长里短。刘禹锡对柳宗元诉苦：我儿子拿着笔瞎写乱画。柳宗元也对刘禹锡诉苦：你儿子还知道练书法，我女儿就知道玩泥巴！就这样，刘柳二人在十年之间，虽从未见面，却互相扶持。

青山隐隐，遮不住真情；绿水悠悠，阻不断友谊。也就是在这十年里，柳宗元成为一代文宗，以"独钓寒江雪"之姿，傲立全唐。也就是在这十年里，刘禹锡悉心考察了当地的风土人情，留下了很多珍贵的史料。也就是在这十年里，"刘柳"从不敢直呼其名的代称，转变为人人推崇的尊称。

03
生死相依

　　刘柳二人被贬十年之后，朝廷召回了他们。二人一路北上，相遇于襄阳城。当年青丝飘飘的探花郎，如今已是两鬓白霜。他们执手相看泪眼，又一起破涕为笑。

　　回到长安后，二人一边焦急地等待任命，一边重游长安。仿佛回到了二十年前的那个春天，日融融、风淡淡。只是杏花已谢，倒是桃花红艳欲燃。他们便去玄都观一同看桃花。看着看着，一向放达的刘禹锡忽然叹气起来，说道："当年这观里哪有什么桃花呀，都是我们走后才栽的呀。"于是他愤然吟诗一首：

　　　　紫陌红尘拂面来，无人不道看花回。
　　　　玄都观里桃千树，尽是刘郎去后栽。

　　谁知这首诗竟闯下大祸。朝中对是否起用他们二人本来就有争议，如今刘禹锡用"桃花"影射打倒他们后上位的小人，自然引起了反感。仅仅一个月，二人再次遭贬。刘禹锡被贬为播州刺史，柳宗元被贬为柳州刺史。

柳宗元得知后，立即上疏。他不是要为自己诉冤，而是为刘禹锡求情。他说："刘禹锡的母亲已经八十六岁，刚跟着儿子万里归来。如今若是不跟着儿子去播州，那就是死别。若是跟着去，怕是受不了颠簸。我是刘禹锡的好友，怎能袖手旁观？请把我的永州换给他吧，好歹还近一点。"

柳宗元一片光明之心，但却被认为是在讨价还价。最终，在其他大臣的斡旋下，刘禹锡被贬连州。不光近了不少，而且一来路上好走，二来比较繁华。而刘禹锡直到接到新的贬书时，才知道柳宗元为他做的一切。

二人结伴而行，到了衡州回雁峰前，分别在即，柳宗元的眼泪从他那日渐苍老的脸上滚落，打湿了帽缨。刘禹锡劝他："毕竟还有桂江把我们两个州连在一起呀。"

柳宗元擦去眼泪，说道："若是还能回来，咱们一起隐居，做邻居。"

刘禹锡叹气说："一辈子就这样过去了，还真不如归隐。"

柳宗元不死心地问："你什么时候回来？"

刘禹锡立刻说："辞官，辞官以后我们再相见。"

说到最后，已是胡言乱语。因为不管"什么时候回来"，还是"辞官"，都不太可能由他们说了算。明知不可能，却万万放不下。

可是终归要分别。一人骑马，一人乘船，从此各在天一涯。之后的几年，他们依旧书信往来，无所不谈。只是柳宗元身体越来越差了，刘禹锡不时给他寄去药方。

元和十四年（819年），刘禹锡九十岁的老母亲寿终正寝。他辞去官职，扶灵回家，经过衡州。四年前二人洒泪而别的情景，历历在目。

这时，信使忽然带来了柳宗元的信。刘禹锡心中一喜，说不定柳宗元要定下会面的时间地点呢。谁知展开一看，竟是柳宗元的遗书。刘禹锡顿感天旋地转，他大喊大叫，哭天抢地，像是得了失心疯。

千百种感受一齐攻来，令他五内俱焚。他恨，恨上天如此无情，竟然夺去宗元年仅四十七岁的生命。他悔，自己为什么要写那首诗，致使宗元再次被贬。他痛，朋友那么多，知音就一个，如今再也不能见了。他怜，宗元儿幼女小，还有一个遗腹子。

哭了许久许久，他才去细看宗元的嘱托。柳宗元拜托刘禹锡抚养大儿子，并把自己的文集整理出来。这是何等的信任！

刘禹锡全部做到了——五年后，柳宗元的文集刊印，多年后，儿子不仅长大成人，还高中进士。

柳宗元去世后二十多年，刘禹锡的朋友仍然不少，但哪一个，也没有和柳宗元这种生死相依、心心相印的感觉。此情已是刻骨，此生再难超越，"足迹半天下，心知唯故人"。

第二章 竹林七贤

山涛：心逐竹林，兼济天下

> 涛早孤，居贫，少有器量，介然不群。性好《庄》《老》，每隐身自晦。与嵇康、吕安善，后遇阮籍，便为竹林之交，著忘言之契。康后坐事，临诛，谓子绍曰："巨源在，汝不孤矣。"
>
> ——《晋书·山涛列传》

01
学而优则仕

《论语》中曾录："学而优则仕。"学有余力，就去为官，方能推行仁道。仕途，是古代无数文人心中的志向。山涛也不例外。

年轻家贫的时候，山涛对相濡以沫的妻子韩氏说："你暂且忍一忍如今的饥寒，我日后一定位列三公，只是不知道你做不做得来三公夫人哩。"山涛心志高远，可毫无背景的他，在曹魏时期的选官制度下，直到四十岁才做了地方官。

做官时间不长，山涛便敏锐察觉到庙堂上山雨欲来的高压气氛。有一次，山涛与同僚石鉴一起外出办事，共宿一屋。夜里，山涛翻来覆去睡不着，踢醒石鉴，问他说："如今什么时候了，你还睡得着！你知道太傅（司马懿）称病卧床是何用意吗？"

石鉴睡眼蒙眬地说："宰相多次不上朝，皇上下诏让他回家就是了，你操什么心呢？"山涛说："咄！石生不要在马蹄之间来回奔走而被践踏啊！"那天之后，山涛果断辞官而去。

不到两年，政坛果然天翻地覆。司马懿发动高平陵之变，曹爽势力被诛灭，司马氏彻底掌权。山涛见微知著，早早看透司马懿的野心，预见到两派势力相争的残酷，及时远离政务，才免受波及。

孔子曾说："君子不立于危墙之下，焉可等闲视之。"明哲保身是一种极高的处世智慧，能够抓住机遇、及锋而试更不失为一种胆魄。

司马氏政权稳固之后，山涛因与司马懿夫人有表亲关系，借机再次入朝为官。他被当权的大将军司马师比作"当世吕望（姜太公）"。从司马师当权至司马炎建立晋朝，山涛凭借卓越的政绩与德高望重的地位，一路加官晋爵，官至奉车都尉、晋爵新沓伯。

可后来，为了保护德才兼备的好友裴秀不被陷害，山涛得罪权臣，被贬为冀州刺史。在民风鄙薄的冀州，山涛坚持勤勉为政。他搜访隐士，劳心劳力选拔贤才，先后任命三十多人，这些人全都显名于当世。

经此一事，当地鄙陋的风俗得以改变，百姓更加仰慕推崇山涛。在山涛其后几十年任职期间，他为朝廷举荐贤才选拔百官从未失准，这些人物列名成册，在当时被称为《山公启事》。

尘世风雨如晦，山涛却能以政治才能，完成他内心兼济天下之志。他也能以智慧的处世之道，包容与他的人生追求完全不同的人，并引以为倾盖如故、白首同归的挚友。

02
相交贵知心

山涛曾对他的夫人韩氏说："当世能与我做朋友的，只有阮籍和嵇康了。"韩氏对与丈夫整日为伴的两位好友深感好奇，便央求丈夫带阮籍和嵇康到家里，韩氏为他们备了酒肉，然后在墙上凿了一个孔，偷看了他们整整一夜。

山涛问起韩氏观看的感受，韩氏评价说："他们二人的才情远在你之上，不过你以见识和气度与他们交朋友也还行。"山涛的确气量不凡，不仅体现在能够接受夫人偷看年轻美男子一整夜，还体现在他与朋友的相交之中。

当时，山涛引以为傲的挚友嵇康，因与曹魏有姻亲关系而处境艰险。年长二十多岁的山涛，为这位潇洒放旷的挚友操碎了心。他调离选官之任时,特意举荐嵇康代替自己,希望能以此缓和嵇康与当朝的关系。

而嵇康回给他的,是一封洋洋洒洒千余字的《与山巨源绝交书》。嵇康在信中详细陈述了自己不愿做官的理由,例如:嵇康说他喜欢睡懒觉,做官必须要早起,这是他第一件不能忍受的事情;他喜欢抱着琴随意走动吟咏或者到郊外去射鸟钓鱼,做官总有吏卒跟在身边,行动不自由,这也是他不能忍受的事……凡此种种,看起来放诞不羁。

朝野上下,尽人皆知二人绝交之事。品性如同璞玉般淳厚的山涛,并没有半分怒气,而是透过这篇悉心撰写的绝交书,读懂了嵇康的拳拳心意。"夫人之相知,贵识其天性,因而济之。"人与人能够成为朋友,最重要的是了解彼此的本性,然后成全他。

嵇康的天性,便是绝不愿随波逐流,宁折不弯,宁死不屈,是他的处世之道。正如山涛的天性中有一份与嵇康完全不同的圆融,他能够与世浮沉而不失本心,渴望建功立业而无视功名富贵。

"君子和而不同",山涛与嵇康对待人生的态度如此不同,但他们内心相互尊重。所以山涛心里深深明白,嵇康此举,只为了与山涛划清界限,不连累他追求仕途。这不是绝交,这是成全。

正因如此,后来在那响彻着绝世琴音《广陵散》的血腥刑场之上，嵇康赴死之前，才会对他的儿子嵇绍说："有山涛在，你就不会成为孤儿。"真正的友谊便是这样，从不靠表面的形影不离来维系，而是内心的相互懂得、不离不弃。

嵇康过世之后，山涛不负嵇康所托，对嵇绍照顾有加。嵇绍成人之后，山涛亲自推举他入仕为官，后来嵇绍官至侍中（相当于宰相）。两位精神境界极高之人的友谊，便是如此荡气回肠。忠于自己，成全对方，彼此信赖。

03
入仕与出世

嵇康在《与山巨源绝交书》里这样说：以前读书时听说，有一种既兼济天下又耿介孤直的人，总认为是不可能的，现在才真正相信了。嵇康不愧为山涛的知己。在世俗的大染缸中，山涛何曾没有面临过诱惑与考验，可他却能够出淤泥而不染，不为外界动摇，始终坚持对自我的期许。

有一回，性情贪婪的鬲县县令袁毅，向山涛行贿百斤蚕丝，山涛知道他不只贿赂了自己，于是表面上如同别人一样接受了。直到袁毅行贿之事败露，山涛的名字出现在被贿赂的名单里。

其他被贿赂的官员早将贿赂之物享受殆尽，对自己受贿的行为无从辩驳。

而山涛却面不改色地取出百斤蚕丝，只见上面积满灰尘，封条都没有拆开过。富贵荣华从来不是他所追求的，为国效力、干出一番作为才是他的抱负所在。

山涛在官场游刃有余而不失节操，他日常处事同样有尺度、有底线。晋武帝司马炎听说山涛喝酒八斗就醉，特意想要试探山涛的酒量。武帝准备了八斗酒请山涛喝，但暗地里偷偷加了一些酒，可是山涛喝下八斗便不再喝了。史书写下："涛极本量而止。"

水满则溢，月盈则亏。山涛一向懂得适可而止的道理，所以他晚年屡次辞任官职，却又因帝王不舍，而反复被强行起用。太康三年，武帝升授病榻之上的山涛为司徒，位列三公。行将就木的山涛，最终实现了当年对妻子韩氏许下的"三公夫人"的诺言。

山涛已位极人臣，在黑暗的西晋官场周旋三十余年，却一生清廉。太康四年，七十九岁的山涛去世之时，旧宅第仅有屋舍十间，连他的子孙都容纳不下。武帝体恤，为他的子孙建造了住宅。

竹林七贤之一的王戎，评价山涛"如浑金璞玉"。他的本性就如同未炼过的金和未雕琢过的玉，于纯真质朴之中深藏高贵。百年之后，东晋名士谢安发现晋武帝赐给山涛的东西总是很少，便问子侄们这是为何。后来的一代名将谢玄回答说："想必是接受东西的人所求不多，所以赠送者也忘记他所送的东西很少吧。"

山涛一生所求不多，从不为一己之身而谋，只为天下而兢兢业业。竹林七贤中，山涛艺术造诣不如嵇康，文学才华不如阮籍，思想深度不如向秀，喝酒比不上刘伶，敛财比不上王戎，音乐天赋比不上阮咸；但他选举贤才无数，为百姓所做的事，又非其他几位所能比了。

入仕做官与出世隐逸在他身上毫不矛盾。竹林之风，从来不在于是否出世，而是坚守自我，活出自我，成就自我的精神。不畏惧逆流，不谄媚世俗，用自己的方式过一生，就是生命的高贵。

阮籍：纯孝赤子，能哭能歌

> 籍虽不拘礼教，然发言玄远，口不臧否人物。性至孝，母终，正与人围棋，对者求止，籍留与决赌。既而饮酒二斗，举声一号，吐血数升。及将葬，食一蒸肫，饮二斗酒，然后临诀，直言穷矣，举声一号，因又吐血数升。毁瘠骨立，殆致灭性。
>
> ——《晋书·阮籍传》

在魏晋时期，有这样一位奇人。他容貌瑰杰，志气宏放，常醉卧竹林，且听风吟；他恩怨分明，好恶于心，每逢俗人，便白眼相加；他不慕权贵，纵情恣意，常烂醉如泥。此人，便是竹林七贤之一的阮籍，一个狂浪不羁的文人，一位能哭能歌的名士。

01
谁言万事艰，逍遥可终生

阮籍一生"傲然独得，任性不羁"，根本不把世俗礼教放在眼里。阮籍向来好酒，而他家旁边就是酒馆。于是，他常和王戎等好友去店里喝酒。醒着，便天南海北恣意清谈；醉了，就若无其事一卧而眠。

有时，他就躺在老板娘身边睡觉，完全不避嫌。《礼记·曲礼》有言："男女不杂坐。"男女坐在一起都不可以，而阮籍竟毫不避讳地躺在了老板娘的身边，此举太过惊世骇俗，完全是罔顾礼法。

这也让酒店掌柜很是生气，认为他是想借机调戏自己的妻子。然而，等观察一段时间后，发现阮籍只是喝酒睡觉，并没有任何非礼的举动，于是老板才放下心来。阮籍就这样一次次尽兴饮酒，一次次醉倒在老板娘身边，可谓是：醉得真切，睡得清白。其他客人们见到这一幕，也啧啧称奇，后来，阮籍反倒成了酒馆的一道活招牌。

居丧期间不能吃肉饮酒，这是自古以来的传统。但阮籍竟在葬母之时蒸一肥豚，饮酒二斗，然后再去向母亲告别。好友裴楷前来吊丧，结果看见阮籍刚刚喝醉，披头散发，"箕踞不哭"。

在自己家里如此也就算了，阮籍竟还参加司马昭举办的宴席，公然吃肉喝酒。司隶校尉何曾看不下去了，于是便向司马昭建议惩治阮籍，好在司马昭爱惜阮籍的才学，经常替他开脱，才使其免遭惩处。

其实，阮籍并非无情无痛，而是想借酒消愁罢了。母亲去世时，他正在和朋友下棋，对方要求终止这盘棋，但阮籍却非要将那盘棋下完不可，后来双方又博弈了多时才终局。

下完那盘棋后，见阮籍"饮酒二斗，举声一号，吐血数升"，悲痛欲绝，几至丧命。阮籍为母泣血，又怎会是一个不孝之人呢？相反，他不仅纯孝，而且还是个性情中人。

阮籍本来不喜欢入仕做官，但因为喜欢东平这个地方，就想去那里当太守，于是便向司马昭提出请求："籍平生曾游东平，乐其风土，愿得为东平太守。"司马昭听后非常开心，便让他做了东平相。

于是，阮籍便骑着毛驴、唱着山歌，到东平上任了。来到郡府后，阮籍让人把府舍的屏障全部拿掉，以便内外相望。正当人们以为他要大展宏图之际，他却"旬日而还"，说辞官就辞官，真可谓性之所至，任心而行。

02
感慨怀辛酸，怨毒常苦多

虽说阮籍平日里放荡不羁，但他"本有济世之志"，也曾希望做一番惊天动地的事业。阮籍的父亲阮瑀是"建安七子"之一，为曹操所用，章书表记颇为出色。不幸的是，阮瑀在阮籍三岁的时候就离世了，阮籍便在父亲好友曹丕以及家人的庇佑下长大，并且继承了父亲的才气。

阮籍八岁时就可以出口成章，十四岁时便已熟读儒家经典，他曾于诗中写道："昔年十四五，志尚好诗书。被褐怀珠玉，颜闵相与期！"阮籍渴望经世致用，比肩圣贤的志向不言而喻。除此之外，年少的阮籍还学习剑术，自我夸赞道："少年学击剑，妙技过曲城。"

诗书让阮籍多了一份才气，击剑让阮籍多了一份侠气。但随着年纪渐长，他却发现时代变了。当时，曹魏的政治局势变得极为复杂，司马氏崛起，不断挑战曹氏的权威。

面对时代的巨变，阮籍的英雄梦也变得黯淡起来，他只能发出"时无英雄，使竖子成名"的无奈感叹。不过才华横溢的阮籍还是得到了当权者的赏识。与司马懿颇为亲近的太尉蒋济准备征辟阮籍做自己的掾属，但阮籍自幼蒙曹氏恩泽，不愿背叛曹氏投身司马家阵营，于是便写信婉拒了蒋济。

蒋济勃然大怒，甚至迁怒于阮籍的朋友，最终，在乡友亲属的苦苦相求下，阮籍勉强答应出仕，但很快又称病请辞了。后来，阮籍又一次被征辟，这一次召唤他的是曹氏集团的曹爽，他不想因此得罪了司马家族，也谢绝了征辟。

阮籍虽然倾向曹氏集团，但也预感到曹氏集团的前景不妙。

果然，公元249年，司马懿发动高平陵之变，曹爽被夷三族，魏国大权至此落入司马氏之手。阮籍虽然对此深感不满，但又感到对世事无能为力，于是选择了隐世不出。

他与嵇康、山涛、向秀、刘伶、王戎及阮咸六位挚友一同踏入竹林，醉酒当歌。在琴声悠扬中，饮酒作诗、谈玄论道，酩酊之时倒头睡去，忘却烦恼，好不自在。

03
终生履薄冰，谁知我心焦

覆巢之下，安有完卵？阮籍心性高洁，生有傲骨，但偏偏遭遇一个动乱的时代，这或许是他人生中最大的不幸。

司马氏父子兄弟，通过一系列手段，使曹魏大权逐渐转移到自己手中。在这一过程中，他们干着违反礼教孝义之事，却又在事后极力标榜礼教孝义。对那些投靠自己的人，司马家给予高官厚禄、荣华富贵，对反对者则大加杀戮，尤其是当世名士，更成了司马家拉拢或清除的对象。

新贵当政，自然是要笼络人心的，竹林七贤这样的"天团组合"，因此备受关注。司马家曾多次向他们抛出橄榄枝，然而阮籍对此是不屑的。在阮籍的母亲去世时，嵇康的哥哥嵇喜前去吊唁。当时嵇喜已经身居高位，为司马家卖命。阮籍认为嵇喜为人鄙俗，以白眼相加，嵇喜只好尴尬而去。

等到嵇康携酒挟琴前来看望，阮籍则欣喜非常，以青眼相加。因为嵇康拒绝了司马家的橄榄枝，这让阮籍十分敬重。这便是"青白眼"典故的由来。

不过，阮籍也深知拒绝司马家的下场，无奈之时，阮籍曾独自驾车游山玩水，寻一份安静。

有一日，阮籍驾车出行，漫无目的，信马由缰。不知不觉，来到一处绝路，此时的阮籍联想到自己的处境，再也按捺不住，便抱头痛哭起来。

在司马家大肆封官的时候，阮籍为自己讨了个步兵校尉的官职，所以他也被后世称为"阮步兵"。阮籍之所以选择这个职位，是因为他"闻步兵厨中，有酒三百石"，于是便"忻然求为校尉"。阮籍还邀请好友刘伶一同入府舍饮酒，两人酣畅淋漓，好不痛快，甚至醉到让别人以为他俩不省人事。

与此同时，司马昭正在忙着圆自己的皇帝梦，进位晋王，加九锡。不过，这期间还有个谦让仪式。司马昭在加封之前表示谦让推辞，魏皇曹奂则表示不许，司马昭再让，然后大臣们群体上表"劝进"，最后司马昭顺利加封晋王。

这是历朝历代篡位者必须要做的"面子工程"，阮籍这个步兵校尉自然也是要上表的。此时的阮籍还沉浸在嵇康被杀的悲痛之中，他含着怨恨的眼泪，为司马昭写下了《劝进书》。至此，他对司马家的最后一份贡献宣布完结，开始了同刘伶那样不问世事的醉生梦死生活。嵇康去世两年后，阮籍也在沉郁寡欢中，走完了自己"不得不荒唐"的一生。

苏轼曾赞阮籍说："醒为啸所发，饮为醉所昏。谁能与之较，乱世足自存。"阮籍身处混乱时代，他的一生，一半狂浪，一半无奈。正如阮籍自己所言："但恨处非位，怆恨使心伤。"

但阮籍于沉默无言中，藏着一口不羁之气，于醉酒长啸中，寻着一份灵魂自由。他对那个时代来说，就像是一只"羽翼自摧藏，一日复回翔"的凤凰。如果说嵇康是一位宁为玉碎的英雄，那么阮籍，就是我们每个普通人努力活成的样子。

刘伶:酒徒狂士,放浪不羁

> 身长六尺,容貌甚陋。放情肆志,常以细宇宙齐万物为心。澹默少言,不妄交游,与阮籍、嵇康相遇,欣然神解,携手入林。初不以家产有无介意。常乘鹿车,携一壶酒,使人荷锸而随之,谓曰:"死便埋我。"其遗形骸如此。
>
> ——《晋书·刘伶传》

在讲究门第的年代,他却出生寒门;在追求肤白貌美的时代,他却容貌甚陋;仕途上,他毫无建树,甚至可以说是颇为凄惨;文学上,他留下的作品屈指可数,唯有《酒德颂》和《北芒客舍》。他的一生,最真实,也最放荡不羁,他堪称魏晋名士中的一朵奇葩。他就是竹林七贤之一,嗜酒如命,有"醉侯"之称的刘伶。

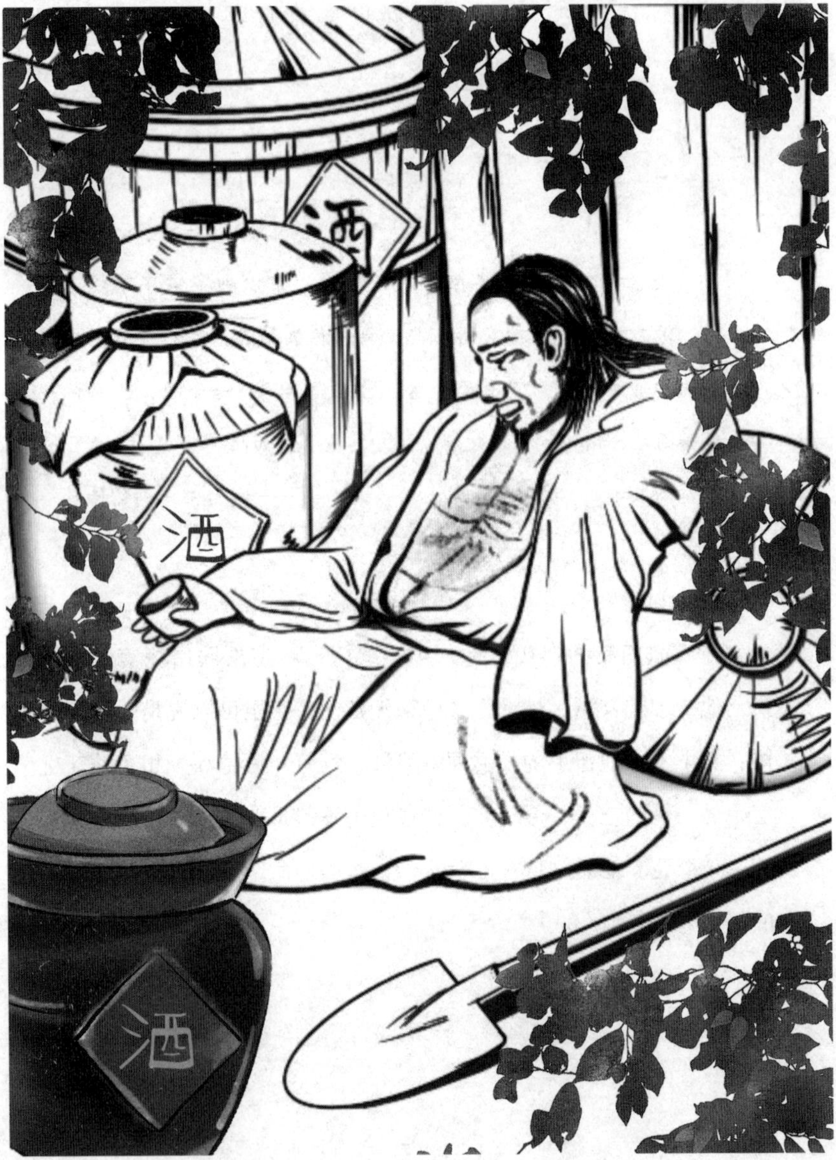
酒
酒
酒

01
容貌甚陋,出生寒门

刘伶,字伯伦,与西汉开国皇帝刘邦同是沛国人。都说一方水土养一方人,但刘伶似乎有点水土不服。据记载,刘邦身材高大,五官立体,高鼻梁,美须髯。而刘伶,用《晋书》中的话来讲,"身长六尺,容貌甚陋",即身材矮小,容貌奇丑无比。不仅如此,在十分注重门第的魏晋南北朝,刘伶却是一介寒门,毫无背景。

一个人的出身和容貌,是先天的,但命运,却可以通过后天的努力来改变。但在以貌取人、以门第取人的魏晋南北朝,容貌甚陋、出身寒门的刘伶,想要改变命运,谈何容易!

仅容貌这一条,想想即便是被王夫之骂为寡廉鲜耻、贪冒骄奢的潘安,在当时,都能受到人们的追捧,掷果盈车。由此观之,容貌在当时是何等重要。反之,我们也可以想象,相貌丑陋的刘伶,其面临的压力,又是何等之大。

而且,刘伶没有政治敏锐性,在王戎幕下当参军时,参与对策,只有他"不知深浅"地说要无为而治。如果是这样的话,司马氏还篡什么位,专什么权,门阀大族们又如何攫取财富?

在当权者看来,刘伶的想法不仅天真不合时宜,还隐隐有着反叛之心。毫无悬念,刘伶被罢官了,而与刘伶一同参加对策的其他人,都升官了。

你不是说无为而治吗？那罢黜你的理由就给个"无所作为"吧。至此，参军成了刘伶仕途上最高的职位，而此后，他也再未出仕。

02
对酒当歌，人生几何

刘伶当真不了解当权者的想法吗？当然不是。放情肆恣的刘伶，他只是不想趋炎附势，更不想说违心之语。

王权更替，周礼俱废，世道失序，社会动荡，国不似国，底层人民苦不堪言，门阀豪族却斗富争奇，哪一件事不时刻在眼前发生？在刘伶看来，这一切的不正常，正是当权者们欲望太多，对权力和财富毫无节制的追求所造成的。

既然连自己都管不好，那就不要多事地管别人了吧。于是，他提出无为而治。但他的主张，还未说出口时，就已经注定是个悲剧结局。对时局不满却又无力改变，想有所作为又不甘心随波逐流，深感人生无奈的刘伶，郁郁于中，痛苦万分。

对酒当歌，人生几何！譬如朝露，去日苦多。慨当以慷，忧思难忘。何以解忧？唯有杜康。还好有酒，他要用酩酊大醉，来宣泄心中的痛苦，获得内心暂时的安宁。久而久之，因为酗酒，本就瘦弱的他变得骨瘦如柴。

一次，刘伶在一家酒店喝酒，已经有些醉了的他，同一个酒徒争执起来。那个酒徒是个五大三粗的汉子，竟然捋起袖子准备打人。刘伶淡定地拉开自己的衣服，露出瘦骨嶙峋的胸脯，慢吞吞地对这个酒徒说："朋友，瞧我这鸡肋，怎能经受得住你的拳头？"听了刘伶的一番自嘲，这个酒徒哈哈一笑，收回拳头，一场矛盾就这样化解了。这便是成语"鸡肋尊拳"的出处。

他的妻子心疼他，担心喝酒伤身，于是泼掉酒水，砸毁酒器，哭着劝他戒酒。刘伶爽快地答应了，并说要对天发誓。不想，在发誓的时候，刘伶却说："我天生爱喝酒，一次至少得喝一斛，喝五斗才能消除酒瘾，上天您可千万别听信妇人之言啊！"这就是"病酒求酒"的由来。

很多人都劝刘伶少喝点酒，他却一直不以为意，出行的时候，除了酒他还会带一件东西，那就是铁锹。他对仆从说："我死在哪里，你就把我埋在哪里吧。"其实刘伶是想以酒浇灭心中的块垒，借醉后的放荡不羁来表达对当权者们那种说一套做一套的不屑罢了。

03

一醉解千愁，管他春与秋

有人说，山涛深沉持重，气量宏放；王戎聪明骁勇，不拘礼教；向秀性格沉稳，平和中庸……唯有刘伶，玩世不恭，任性放达，嗜酒如命，是个名副其实的酒徒狂士。

果真如此吗？其实，刘伶嗜酒如命、放浪形骸的背后，是一颗对人生充满恐惧和无助的悲怆之心，是对生命的一种执着。

当时，儒学中衰，道义不存，而门阀豪族们却一边以礼法要求别人，一边又做着毫无礼义廉耻之事，甚至屡屡发生杀婢女取乐这种惨无人道的事情。看到这些，刘伶深感世道艰险，人生可悲。于是，他在醉酒的同时，以放浪形骸来无声地反抗着这个表里不一的社会。

《世说新语》里记载了这样一个故事：一次，刘伶饮酒作乐，觉得穿着衣服束缚太多，于是干脆脱了衣服在房间里纵情豪饮。有多事的人无意之中看到了这一幕，就讥讽他有伤风化。

刘伶听后，不慌不忙地回答："我以天地为房屋，以房屋为衣服，你怎么跑到我衣服里来了？"我在自己的屋子里喝酒，关你什么事？

其实，刘伶的能力并不差，只是他没把太多的心思和精力放在写文章上。他的《酒德颂》很有名，在此文中，他塑造了一位放旷不羁、纵意所如的"大人先生"。这位大人先生，唯一的爱好便是喝酒，并且到了酒壶不离手的程度。

大人先生爱喝酒，本是个人私事，何况他也没有做什么坏事，却被王孙公子和缙绅处士以有害礼法之名说教指责，好似大人先生犯了什么十恶不赦之罪。我心自超然，管他是与非。在他们正说得起劲时，大人先生干脆伸着两腿，枕着酒母，垫着酒糟，喝着美酒，悠闲地进入了梦乡。好酒、对假礼法的蔑视、行为上的放荡不羁，不正是刘伶自身的写照吗？

现实生活中，刘伶更是如大人先生一般。据说当时朝廷召他入朝为官，刘伶听说后赶紧喝得酩酊大醉，然后脱光衣衫，一路裸奔跑到村口去迎接特使。

"烂醉""裸奔"确实是有伤风化，不能效仿，但刘伶这些行为背后更多的是无奈。后人看到的，应该是其背后的才华和更高一层的精神世界。

哲学大师冯友兰曾在《论风流》中说过：魏晋时代，一个真正的名士，要有不为外物所扰的超我之心，说话要言约旨远，对万物怀有同情之心。《酒德颂》中的大人先生正是这样的人，现实中的刘伶，也是。

《世说新语》曾言："刘伶著《酒德颂》，意气所寄。"诚然也。这是一个朝政混乱的时代，也是一个名士辈出的时代；这是一个讲究门第的时代，也是一个人才辈出的时代；这是一个人人身不由己的时代，也是一个人性觉醒的时代。

在这个时代里，有着太多的无可奈何。既然人情翻覆似波澜，那世事浮云又何足问？还不如酌酒自宽，高卧加餐，一醉解千愁，管他春与秋。

嵇康：风姿独秀，高风亮节

> 康早孤，有奇才，远迈不群。身长七尺八寸，美词气，有风仪，而土木形骸，不自藻饰，人以为龙章凤姿，天质自然。恬静寡欲，含垢匿瑕，宽简有大量。学不师受，博览无不该通，长好《老》《庄》。与魏宗室婚，拜中散大夫。常修养性服食之事，弹琴咏诗，自足于怀。
>
> ——《晋书·嵇康传》

提起嵇康，很多人对他的印象，是放荡不羁。一切有违当时士大夫"精神"的事情，仿佛都与他有关；他对仕途、朝局动向、功名利禄都持无所谓的态度。

但其实，这些只是我们对他的刻板印象。隐藏在这些表征背后的，是他缜密的逻辑、细腻的心思与矢志不渝的信念。

01
从出生说起

嵇康,字叔夜。古人取"字"和"名"的时候,都遵循着一定的规律,"字"往往与"名"有呼应的关系。

"叔"代表着他在家中的排行,伯仲叔季,排行老三。而"康"和"夜"似乎找不到什么联系,其实它们出自《诗经》中的典故:"成王不敢康,夙夜基命宥密。"这句话原本是形容周成王日夜工作不敢懈怠享乐。

然而,嵇康似乎辜负了他的名字。他生来就不怎么喜欢工作,更向往那种洒脱的人生。这或许跟他的家庭有关。在他很小的时候,父亲就去世了,在魏晋时代,男人早逝,对于后代的前途来说,是一种致命的打击。

魏文帝继位的时候,为了加强中央权力,颁布了"九品中正制"。家世、道德、才能三方面综合能力优秀的人才能担任上品的官员。然而到了曹魏末年,选拔官员依靠才德标准逐渐被忽视。说白了,就是在那个时期,想要进入仕途、有所成就,就要靠家世。

或许早年丧父的生活,让他早就知道自己在仕途上很难有指望。虽然在哥哥和母亲的照顾下,他得以博览群书,学习各种技艺,但是他不像传统士大夫的子弟一样钻研经世致用、有利于仕途的儒家经典，而是尊崇当时在名士间颇为流行的玄学以及老庄的养生之道。他甚至还专门为此写了一篇文章，就是著名的《养生论》，里面论述了一个在现在看来比较荒唐的观点：只要人注重养生，是有可能活过一千岁的。

他生得俊俏，《世说新语》中记载，嵇康身长七尺八寸，风姿特秀，见者叹曰："萧萧肃肃，爽朗清举。"山公曰："嵇叔夜之为人也，岩岩若孤松之独立；其醉也，傀俄若玉山之将崩。"嵇康站着高大得像一棵松树一样挺直；当喝醉了之后，魁伟得像玉山将要倾倒一般。我们所熟知的"玉山将倾"这个成语，就是从他的仪容衍生出来的。

02
入仕与避世

在任何时代，青年才俊都是一支潜力股，很容易被选为乘龙快婿。果不其然，经过熟人的推波助澜，嵇康成年后迎娶了曹操的曾孙女长乐亭主为妻。

正是这次联姻，为他开启了政治上的大门，他先后被拜为郎中和中散大夫。虽然这在当时只是一个五品官员，但是由于可以直接参与政事，因此也等于进入了权力的核心。

然而，官场上的规矩，却无法束缚这位超脱的贤者。他和好友阮籍一起提出了"越名教而任自然"的哲学命题，指出超越儒家的各种伦理纲常束缚，任人之自然本性自由伸展，希望自己能依照本性而活。同时他也看清了那些高举儒家忠君大旗，却为了自己的利益帮助司马家行使僭越之事大臣的嘴脸，因此对他们嗤之以鼻。

那时候，民间和传统的士大夫阶层，对于司马氏夺权之事极不认同，却敢怒不敢言。而当时以竹林七贤为代表的玄学派名士，聚众在竹林喝酒、纵歌，以此作为对司马氏篡权的抗议。

当时的司马昭久闻嵇康大名，想要招募他为幕府属官。听到消息的嵇康，逃往河东郡躲避征辟。

为测试竹林七贤对司马氏的真实态度，司马昭派钟会去试探阮籍和嵇康。

钟会先是拜访了阮籍。他知道阮籍好酒，就陪阮籍一边喝酒，一边套他的话，测试他对司马家族真实的态度。阮籍就用装醉的方式来逃避钟会的追问。钟会无可奈何，只好去拜访嵇康。嵇康听说钟会来找他，就跑到树下打铁。每当钟会想要询问嵇康的意见时，嵇康就抡起锤子打起铁来，最后钟会只好离去。

然而，嵇康是出了名的嘴欠，加上他对助纣为虐的钟会鄙夷已久，望着钟会尚未远去的背影，他嘲讽地问道："何所闻而来，何所见而去？"这句话看似没有头脑，其实充满了嘲讽。

首先，你是领你主子命而来的，但是什么都没问着就离去了，汇报只能表示我在打铁，看你怎么交差；其次，就算你看穿了我的心思，我也不怕，尽管向你的主子禀报吧！正因为这句话，自尊心极强的钟会怀恨在心。不过阮籍和嵇康对司马家的反抗，为他们在群众中，再次赢得了名声。

当然竹林七贤并非每个人都把反对司马家作为自己的终身目标。这个阵营中第一个"倒戈"的是山涛。山涛起先"隐身自晦"直到四十岁，然而一出仕，便投靠了司马师，后来成了司马家族的核心力量。

在景元三年（公元262年），山涛再次升官，他原本的职位出现了空缺。思来想去，他推荐好友嵇康来接替自己的位置。听闻此事的嵇康勃然大怒，写了一封公开信大骂山涛，这就是历史上有名的《与山巨源绝交书》。他在信中列出自己的"七不堪""二不可"，借此来暗讽司马氏得位不正、言行不一，坚决拒绝出仕。

如果我们只看嵇康的生平，很容易得出那些我们曾经对嵇康的刻板印象——放荡不羁、性格起伏不定、洒脱、性情中人。然而，嵇康真的是这样的人吗？

03
表里不一的"贤者"

在表面的浮华下,他几乎所有的选择都经过深思熟虑。而他的内心也是一个极其沉稳、缜密的人。首先,是他的性格方面。他的情绪,很少有波动,很多看似愤怒的场合其实都是他刻意而为之。

他的好友王戎曾说过,认识嵇康二十年来,从来没有见过他情绪波动。这和他信奉老庄的理论有关系。他所谓的不动情绪不是压制情绪,而是像庄子那样,把一切事都看淡。虽然依然坚持着自己的原则,但是无论成败得失、生离死别、国仇家恨,在内心深处都无所谓。

其次,在政治和人情上,嵇康也不像我们想象中的那样顽固和冲动,他在这方面有着自己的深思熟虑。《与山巨源绝交书》这封公开信,就是最好的见证。

山涛不仅仅是一位名士,而且是一位政治手腕极强的谋臣。他推荐嵇康接替自己,绝对不仅仅是想给朋友谋份差事,而是他知道嵇康的处境——嵇康已经把司马家得罪透了,如果再不和司马家合作,就会被迫害。

然而,嵇康对于政治也十分有远见,对这件事情也看得很透。从原则上,自己不愿意为司马家出力;从身份上,自己的妻子是曹魏的皇室，自己也算是皇室宗亲。他即便此刻屈服，待到司马家根基稳固、自己没有利用价值的时候，自己或者妻子依然很可能被司马家迫害。与其这样，倒不如一早拒绝，保留自己的清白之名。

但是如果只是简单地拒绝，朋友山涛势必无法交差，甚至有可能受到牵连。想到这里，他就打算使出一个极端的方法，对山涛"破口大骂"，并与之决裂，与此同时狠狠地打司马家的脸。于是，就有了那封《与山巨源绝交书》。

其实嵇康和山涛都知道，这不是一封绝交信，而是嵇康的"绝命书"。然而，为了让爱护自己的朋友能够全身而退，嵇康义无反顾。相信看到这封公开信的山涛一定老泪纵横："得友如斯，何其幸哉！"

终于，压垮骆驼的最后一根稻草出现了。据《资治通鉴》记载，当年嵇康的朋友吕安被人诬告，嵇康愤怒地为朋友强行出头。钟会此时跳出来弹劾二人："安、康言论放荡，害时乱教，宜因此除之。"司马昭立马下令将二人斩首。而山涛因为这件事被钉在了耻辱柱上，站在了嵇康高风亮节的对立面。

然而，嵇康和山涛的真实友谊丝毫不减，他临死前对自己的儿子嵇绍说："巨源在，汝不孤矣。"放心吧，有山涛在，你不会孤苦无依的。

对朋友最大的信任，莫过于托孤。在嵇康死后，山涛对待嵇绍就像对待亲儿子一般。山涛没有辜负嵇康的重托，一直把嵇康的儿子养大成才,并保举他做了官。

04
广陵绝响

就在嵇康将要被行刑的当日,对嵇康才能十分敬仰的太学生召集了三千同窗,集体来到朝廷,请求赦免嵇康,然而愤怒的司马昭没有同意。

临死前,他泰然自若,向兄长要来平日里爱用的琴,抚了一首《广陵散》。曲毕,原本神情自若的嵇康,突然有些伤感,说道:"曾经袁准要来跟我学习《广陵散》,我没有传授给他。如今《广陵散》要失传了。真是可惜!"言毕,嵇康从容就戮。

纵观嵇康一生,除了在仕途上接近无为,在其他各个领域,几乎都大放异彩。

更重要的是,在他不羁的外表下,隐藏着一颗赤忱的心。在嵇康死后,剩余的"竹林六贤",命运各有不同:向秀在嵇康被害后被迫出仕;阮咸不被重用郁郁而终;阮籍、刘伶佯狂避世;山涛、王戎则投身司马家族。当初志同道合的"七贤",只有嵇康为了自己心中的信念引颈受戮。或许,这样的遭遇对于他来说,就是最好的结局。

九百年后的南宋,女词人李清照作了一首五言诗《咏史》,寥寥二十个字,道尽了嵇康的气节:

两汉本继绍,新室如赘疣。
所以嵇中散,至死薄殷周。

向秀：静默如水，以柔克刚

清悟有远识，少为山涛所知，雅好老庄之学。庄周著内外数十篇，历世才士虽有观者，莫适论其旨统也，秀乃为之隐解，发明奇趣，振起玄风，读之者超然心悟，莫不自足一时也。惠帝之世，郭象又述而广之，儒墨之迹见鄙，道家之言遂盛焉。

——《晋书·向秀传》

向秀，字子期，竹林七贤之一。论才情恣肆，他不如嵇康、阮籍；论个性狂放，他不如阮咸、刘伶；论仕途腾达，他不如山涛、王戎。他的一生，或许平凡，但绝不平庸。

01
雅好读书，以文交友

向秀，河内怀（今河南武陟）人，生于乡间，长于自然。

关于他的少年时期，史书记载非常简略，只有"雅好读书"四个字。有别于同龄孩子的活泼顽皮，安静的向秀与书为邻，以书为友。

他尤其喜欢老子和庄子的学说，对《庄子》情有独钟。二十岁左右时，他就著写了《儒道论》，不过很可惜，他最终弃而不录。陌上少年足风流的年纪，向秀把心思放在潜心研读《庄子》上。

他聪慧明达，悟性极高，凭着一手俊秀的好文章，成为"乡间小名人"。学有所成后，他开始在乡里讲学，声名渐播，老乡山涛因此慕名而来。山涛发现向秀所讲高妙玄远，见解超凡，可谓"已出尘埃而窥绝冥"。两人惺惺相惜，结为忘年之交。

在山涛的引荐下，向秀先后结识了嵇康和吕安等人。向秀为人谦逊，不善饮酒，一众好友中，他和率性洒脱的嵇康、心性旷达的吕安最为投契，引为知己。

向秀最喜欢嵇康，两人几乎形影不离。嵇康"性绝巧而好锻"，向秀就经常陪他一起打铁。微风徐来，柳枝温柔，嵇康掌锤，向秀鼓风，二人配合默契，旁若无人。酣畅淋漓的铿锵之声不绝于耳，目光所及相视一笑，一切尽在不言中。

正如《庄子·大宗师》所云："相视而笑，莫逆于心。"向秀也时常和吕安一起浇水种菜，赚的钱或买来酒食醉乐，或于远山旷野中浪游，乘兴而来，兴尽而归。生活一如既往地清贫，但因为有人懂、有人陪，人生多了几分豪迈和洒脱。那真挚纯粹的友情,化作暗夜里的星光,温柔了岁月。

02
君子之交,和而不同

与好友纵情山水的时光,是如此逍遥快活。三两知己,一杯淡酒,听琴论道,自在由心。

虽然向秀视嵇康为知己,但思想上并不盲从。

嵇康写过一篇《养生论》,推崇"清虚静泰,少私寡欲"。不追求名利地位,不眷恋美味佳肴,清心寡欲,无欲无求,持之以恒就可以长命百岁。很多人对嵇康的文采和见解赞不绝口,唯独向秀不甚赞同。他写下《难嵇叔夜养生论》,详述了自己的看法:

控制情绪、调节饮食自然没错,但喜怒哀乐,舌尖五味,都是人与生俱来的天性。夫妻恩爱,人伦之乐,事业有成,饮食有味,这些都是生命中的快乐。如果刻意隔绝,过分执着于无欲无求,成为一个没有感情的人,那人生也就索然无味,不过白活一场,又何谈生命宝贵?

向秀认为,情感也好,名利也罢,可以有原则地追求,不必强求每个人都断绝。嵇康看后,洋洋洒洒写了一篇《答向子期难养生论》为回复。他引用老子的"乐莫大于无忧,富莫大于知足",提出养生有五难:名利不灭,喜怒不除,声色不去,滋味不绝,神虑转发。

嵇康说:"谨慎言语,节制饮食,是学者的见识。除此之外没有其他。"嵇康言语坚定,向秀没有再争论下去。嵇康的才华,他懂;嵇康的傲骨,他懂。正因为懂得,所以尊重他的选择。虽然两人各执一见,谁也没有说服谁,但这丝毫没有影响两人的感情。真正成熟的友情便是如此,势均力敌,灵魂独立,既能相互尊重,又能彼此包容。

03
人间忽晚,山河已秋

嵇康风骨不染俗尘,这是他的傲骨,可也是致祸之源。一次,嵇康又在打铁自娱,贵公子钟会因仰慕嵇康的才华,特地前来拜访。对于已投靠司马氏的钟会,嵇康不屑搭理,钟会因此怀恨在心。

后来,吕安遭兄长诬告不孝,得知实情的嵇康愤然出面为吕安辩白。钟会趁机进谗言,本就磨刀霍霍的司马昭听信钟会之言,处死了嵇康和吕安。一天之内痛失两位至交,向秀心中之痛可想而知。

耳边再听不到铿然利落的锻造之音,自己再也没有鼓风的兴致。嵇康的死，也是司马昭给所有名士的一个警告：归附还是死亡，只能二选一。生命面前，名誉不重要，尊严不重要，活着才有希望。一时间，名士们纷纷被迫入仕，向秀也在其中。

在去洛阳任职之前，他特地来到旧居，看着萧条的旷野，耳边笛声悠扬。回想起昔日同游之乐，转眼物是人非，不禁悲从中来，感慨之下作《思旧赋》怀念好友：

悼嵇生之永辞兮，顾日影而弹琴。
托运遇于领会兮，寄余命于寸阴。

言语中，他难掩好友冤死的悲伤之情，凄叹之间，尽是消极无望。

在当时，写文怀念嵇康是需要极大勇气的，稍有不慎就会引来杀身之祸。或许，这是向秀低调人生中最为"放肆"的时刻。

悲痛过后，人生还得继续。形势比人强，向秀有这个觉悟，所以当他踏入洛阳，面对司马昭的有意羞辱时，他不动声色地忍了下来。

司马昭故作好奇地问他："听说你有隐居箕山的志向，为何现在在这里？"向秀违心回道："我认为古代隐士巢父和许由都是孤僻狂傲之人，不值得我羡慕。"司马昭十分满意，向秀算是过关了。

04
古井无波,心生逍遥

向秀曾想给《庄子》注释,但好友嵇康认为:"这书哪用再注释呢?莫要妨碍人们作乐罢了。"向秀没有放弃,默默注完,然后高兴地拿给嵇康和吕安看,颇有些自豪地问道:"怎么样,我的注释比别人的精妙些吧?"

吕安读后十分惊叹:"庄周不死矣。"后来,向秀的《庄子》注释流传开来,被人们盛赞"妙析奇致,大畅玄风"。

踏入官场后,向秀无意官场沉浮,虽然在朝,但无心政事。不知是"伤心人别有怀抱",还是"大彻大悟得自在",此后,向秀一心扑在给《庄子》作注上。经历了好友之死、低头之痛,他对生死有了更深刻的见解。

譬如,对于《庄子·逍遥游》中大鹏与小鸟的描述,他有着不同于前人的感悟。逍遥是生命存在的至高境界,也是本性的满足。只要适合自己的本性而自我满足,那不论是圣人,还是凡人,都是逍遥的,没有高低贵贱之分。大鹏翱翔九天,小鸟栖息大树,各适其所,都是逍遥。

人也是如此,接纳现实的处境,找准自己的位置,不沉湎过去,不迷茫将来,坦然活在当下,也是一种逍遥。将近十年的时间里,向秀致力于注释老庄之学,遨游其中自得其乐。向秀为《庄子》一书解释意蕴,阐述内中奥妙,使读《庄子》的人心领神会，为玄学的发展做出了重大贡献。

遗憾的是，当时还差《庄子·秋水》和《庄子·至乐》没有注完，向秀就匆匆离开了人世。更可惜的是，向秀死时，儿子还年幼，未能及时公布他的著作，著作散落，另一位玄学家郭象在其基础上补上了《秋水》和《至乐》。也因此，时至今日，关于《庄子注》的作者仍有争议。

《庄子·人间世》有云："知其不可奈何而安之若命，德之至也。"向秀的一生，大多数时候都是安静的、沉默的，但沉默中自有力量。不抱怨，不放弃，即使身处黑暗，也心生光芒。

人生没有坦途，生命需要韧劲。蒲草虽弱，暗藏向上之心；风雪俱厉，枯木忍冬逢春。人生，就像一场春夏秋冬，冷暖交织，晴雨更替，枯荣荣枯。

此间艰难苦恨，心中万丈迷津，无人可解，唯有自度。改变能改变的，接受不能改变的。愿我们遍历人间风雨，不改心头澄明，仍觉人间值得。

王戎：一半君子，一半小人

> 戎幼而颖悟，神彩秀彻。视日不眩，裴楷见而目之曰："戎眼灿灿，如岩下电。"年六七岁，于宣武场观戏，猛兽在槛中虓吼震地，众皆奔走，戎独立不动，神色自若。魏明帝于阁上见而奇之。又尝与群儿嬉于道侧，见李树多实，等辈竞趣之，戎独不往。或问其故，其曰："树在道边而多子，必苦李也。"取之信然。
>
> ——《晋书·王戎传》

王戎被很多人称为是竹林七贤中最庸俗的一位。世人对其评价更是褒贬不一，或曰清淡贤者，或曰诡谲多端，抑或曰吝啬至极。他没有嵇康的气节，也没有阮籍的风骨，更不似山涛的野心。

抛开这些世俗成见，王戎的人生无疑是很成功的。他不仅出自名门，才华横溢，家庭和睦，情感美满，且事业有成。这样的人生，根本无须去计较在他人嘴里是君子，还是小人。

01
有才气

正值魏晋纷乱时期，各大世家的地位尤为凸显。琅琊王氏家族，更是其中的佼佼者。公元234年，王戎就诞生于琅琊王氏这个高门世家。他自幼极为聪颖，且神采秀美。在一众世家子弟中，他的见识和才学与其他同龄人相比，显得尤为突出。

有一次，年幼的王戎去宣武场看表演。突然，栅栏中猛兽咆哮，众人皆被吓得纷纷倒退，王戎却原地不动，且神色自若。魏明帝见此情景，称赞王戎是奇童。

他不仅胆识过人，还有一双善于观察辨识的慧眼。七岁那年，他与小伙伴们在街边一起玩耍，看到路旁的李子树上满是果子，尤为诱人。同行的几个小伙伴都嚷着要去摘李子吃，但王戎却站在远处，不为所动。

看到王戎如此神色，同伴们极为不解，问他为何不去摘果子。他却笑着说："树在道边而多子，必苦李也。"同伴不信，要尝果验证，果不其然，这棵李子树的果子很苦。小小年纪就有如此细致的观察能力和辨识能力，王戎的名气被传开了，世人皆称之为"神童"。他不俗的才华，使之注定要走在同龄人的前端。

阮籍是王戎父亲王浑的好友，比王戎年长二十四岁。但自从与王戎相识之后，他每每去王家造访，都是只与王浑打个照面，就去寻王戎,且相谈良久不出。

阮籍对王浑说:"我和你不是一类人,与你说话,不如与阿戎说。"因为性格坦率,不拘泥于礼节且十分健谈,年仅十五岁的王戎,就能与长他十几、二十几岁的一众文学大家相谈甚欢,丝毫不输风采。

02
重孝道

王戎不仅为人智慧有才华,且十分重视家人。古人十分重孝,王戎是当时极为有名的孝子。他不是只重表象做一些场面上的事,而是发自内心地孝敬父母。

母亲去世时,他在家守孝,虽不是遵循常礼的食素斋、忌酒肉,但他为母丧的悲痛,却令人动容。中书令裴楷凭吊其母时,见他面容憔悴,身体虚弱,连起身都要扶拐杖。

当时,同朝的尚书和峤也碰巧在那段时间为父守孝,他极为遵守礼节,且寝苫食粥,面面俱到,受到诸多人的赞誉。晋武帝听闻此,就十分关怀和峤的身体。同去过两家凭吊的刘毅却说:"和峤虽寝苫食粥,乃生孝耳。至于王戎,所谓死孝,陛下当先忧之。"

和峤虽礼节俱全,却是做给活人看的孝顺,面容气色丝毫不衰；王戎虽礼节有失，但身心交瘁，是真正地为丧母而悲痛。在得知王戎因母丧而生吐疾时，晋武帝十分感动，赐药派御医前往医治。

王戎不仅孝顺，对妻子也极好，夫妻二人生活十分和睦。在那个男尊女卑的年代，嫁给王戎无疑是幸福的。据悉，王家的下人们，常听到王氏称王戎为"卿"。

在当时的礼节中，妻子应称丈夫为"君"，而"卿"是丈夫对妻子的称呼。若在常人家中，妻子早就被训斥了，但王戎每次都耐着性子说："妇人卿婿，于礼为不敬，后勿复尔。"

然而，王氏调皮地一阵诡辩："亲卿爱卿，是以卿卿。我不卿卿，谁当卿卿？"成语"卿卿我我"的典故便出于此，后世常用这个词来形容夫妻间的亲密和睦。

得夫如此，妇复何求？

03
会演戏

相对嵇康的刚直不阿，王戎的为人无疑是务实婉转的。世间男儿最不缺的是血性豪气，但能刚柔并济、善于谋略者却是难得。王戎虽无野心，却也知道官职的重要性。最初，他世袭父亲贞陵亭侯的爵位，后被陷害嵇康的钟会推荐为吏部的官员。王戎没有拒绝，他认为被推荐在于别人，而做事却在于自己。

在任期间，他也曾因遣属下私建宅院，而差点被罢免，因皇帝对其为人甚是欣赏，允许他用钱赎罪。此事却一直被世人诟病，曾一度成为他贪污纳贿、为人诡诈的最好例证。

然而，王戎在官场是一位难得的智慧谋者。他不仅知人善用，且恩威并施。当时手下的将士、当地的百姓都心甘情愿臣服于他。当权者晋武帝也十分欣赏他，让他担任要职，后来有人诬陷王戎贪污，晋武帝直接对朝臣说："王戎的行为，怎能算怀私苟得，正是以不贪欲异于他人罢了。"

以上是王戎的一面，王戎还有另一副面孔，史书记载，王戎十分吝啬、贪财。《世说新语》中说道："王戎有好李，卖之，恐人得其种，恒钻其核。"王戎家里有棵李子树，所结的李子又大又甜。丰收之后王戎舍不得吃，就想在集市上卖掉。但是他担心别人买走李子之后留下种子自己栽种，后来想出这么一招，把李子的核逐个钻掉，然后再拿到集市上去卖。

王戎不仅对外人抠，对家人也很吝啬。《世说新语》里是这样记载的："王戎俭吝，其从子婚，与一单衣，后更责之。"侄子大婚，他送了一件单衣作为贺礼，侄子婚礼结束后，他竟然舍不得了，就向侄子把衣服要了回来。

还有，他女儿出嫁后夫家不是太富裕，所以向王戎借了一些钱。每次女儿回娘家时，王戎都摆着一张臭脸。后来女儿还钱了，他对女儿女婿脸色才恢复正常。

其实上述王戎抠门的行为还好,他对自己亲生儿子更过分。《晋书》记载:"王戎子万有美名,少而大肥,戎令食糠而肥愈甚,年十九卒。"王戎儿子长得还是挺英俊的,就是胖了些,为此折腾了不少钱减肥。王戎心疼银子,后来想了一个招儿,让他儿子每天吃糠,结果他儿子还是越吃越胖,最后还把自己吃死了。

王戎真的如上文这般不堪么?据史书载,其父亲王浑去世时,父亲的官场故交欲赠钱百万助他办丧,都被他婉言谢绝。这样前后不一的行为,出自于一人,很难让人不对其持怀疑态度。

其实上述这些事件背后都是有原因的。晋武帝一死,天下就逐渐乱起来了,后来逐渐演变成历史上臭名昭著的"八王之乱"。王戎是一个聪明人,他敏感地觉察到了这一点,为了适应即将到来的乱世,他必须改变自己。

人至察则无徒,在那样黑白颠倒的混乱时代,身居高位还想保命,人就不能太完美。王戎出身名门,才华出众,本身就遭人忌讳,为了保命,他不得已上演上述那些"贪财"行为,故意搞臭自己。

在那样的乱世,王戎的爱财和阮籍之嗜酒、刘伶之裸奔等竹林七贤离经叛道的行为都是他们的无奈之举。除自身对政局的不满,发泄情绪之外,他们更想让当朝者认为他们只是一群俗人,对政局没有意图。

纵观王戎一生,于外,他在官场上应付自如,在战场上冲锋陷阵，且始终能谈笑自若。对内，他孝敬父母，与妻子举案齐眉，家庭和美。

王戎的一生无疑是成功的，爱情、家庭、事业等皆是为人所羡。不论事实为何，极善清谈的他不曾申辩，一直都用宠辱不惊的态度，笑看人生，且不被其左右。

世人评人，本就以己见而发。且世间谁人不说人，谁人又不被人说呢？其间所言，皆不是己，只管过好自己的人生，任他孰是孰非。成功的人生，就是不活在他人眼里，为自己而活。

阮咸：音律神才，与器流传

> 咸妙解音律，善弹琵琶。虽处世不交人事，惟共亲知弦歌酣宴而已。与从子修特相善，每以得意为欢。诸阮皆饮酒，咸至，宗人间共集，不复用杯觞斟酌，以大盆盛酒，圆坐相向，大酌更饮。时有群豕来饮其酒，咸直接去其上，便共饮之。群从昆弟莫不以放达为行，籍弗之许。荀勖每与咸论音律，自以为远不及也，疾之，出补始平太守。以寿终。
>
> ——《晋书·阮咸传》

我国有一种弹拨乐器——阮咸。第一次听到它名字的人，往往会把第二个字理解成"琴弦"的"弦"。但实际上，它却是"咸淡"的"咸"。

这种乐器的名字其实就是阮咸之名，魏晋时期竹林七贤之一。阮咸不仅为我们留下了一门乐器，还留下了很多令人捧腹也让人深思的故事。

01
不拘小节,被人笑话

阮咸的堂兄弟阮浑非常羡慕七贤的逍遥旷达,也想成为那样的人。但阮咸的叔叔,身为竹林七贤之一的阮籍严肃地告诉他:"阮咸可以,你不行。"阮浑很纳闷:做个旷达之人,就是喝喝酒,弹弹琴,聊聊天,想做什么就做什么,有什么行不行的呢?

后来阮籍才和别人说,这小子压根儿不知道什么是旷达。这也怪不得阮浑,这世上真正理解什么是旷达的人并不多。

阮咸是阮籍的侄子,他们同属高门大族陈留阮氏。不过到了阮籍时,他们这一支家道中落,已经日渐贫穷了。他们与那些富贵的族人分开居住。富人住在大道之北,被称为"北阮";阮籍等人住在大道之南,被称为"南阮"。

七月七日这天,家家户户晒衣服。北阮那边的衣服,尽是绫罗绸缎,光灿耀眼。而南阮这边,只见一个梳着两角髻的少年,正把一条粗布大短裤往竹竿上挂。这位少年,就是阮咸。

很快,有人便看到了这条飘摇的大短裤,就嗔怪阮咸:"你晒这个干吗呀?"只听他嘿嘿一笑,说:"未能免俗,我也晒晒嘛。"从此以后,"未能免俗"这个词就流传了下来。

和这个词语同样耐人寻味的,还有"晒"这个词。北阮"晒"衣,不免有些炫耀的意味。而阮咸"晒"衣,却有些对抗的意思。绫罗能晒,粗布为什么不能晒?外出服能晒,家居裤为什么不能晒?

贵与贱并没有区别,外和内也没有不同,本质上都是衣服。这些睿智的思考,那些不理解的人,是无从得知的。他们所看到的,只是阮咸表面上的放浪形骸。

阮咸长大后,和叔叔阮籍一样爱喝酒,而且酒量还不小。有一次,阮家族人聚在一起喝酒,喝得兴起,大家就不用酒杯斟酒了,而是改用大盆,这样更方便、更痛快。于是众人围着酒盆,团团坐了一圈,开怀畅饮。

不一会儿,一群猪呼啦啦跑过来,猛地喝起盆中的酒来。谁也没想到,阮咸也凑了上去,和猪一起喝起来。此情此景,有人不免觉得阮咸可笑、恶心。

但当我们揭开这腌臜的表象,去探寻阮咸的精神世界时,却赫然发现这其中的精神内核让人敬畏。按照庄子的说法,在大自然面前,在天地之间,人类并不比动物高贵。就像当年那些晒出绸缎衣服的富人,也并不一定就比晒粗布大短裤的穷人高贵。

只不过,有些人对此难以理解。阮咸并非不知道他们的想法,他只是不在乎。如果在乎的话,他或许就没有阮孚这个儿子了。

02
严重越礼，惹人非议

为了阮孚这个儿子，阮咸付出了沉重的代价。阮咸在为母亲守丧期间，爱上了姑姑的婢女。

二人相亲相爱，姑姑也说可以留下婢女让她和阮咸在一起。哪承想，姑姑吊丧完毕临走的时候，突然变卦，悄悄带走了婢女。不过，阮咸还是知道了。

一听这个消息，他如五雷轰顶。好在吊丧的客人还有没走的，他赶紧向其中一位客人借了一头驴，要去追回婢女。客人们连忙拦住他，让他别去。因为这在当时看来是严重违反礼教的事。

阮咸身为一个名门公子，不可以爱上卑微的婢女。在为母亲守孝期间，不能去亲近女人。此事非同小可！但阮咸甩出一句："她怀了我们阮家的骨肉！骨肉不能丢！"说完，一身重孝的他，骑上驴背，急急向婢女狂奔而去。

他前脚刚走，骂他的话就传遍了大街小巷。那些人认为，阮咸不该和婢女生孩子。那些骂阮咸的人，还没骂够呢，却突然发现阮咸和那婢女一起骑着驴，乐颠颠地回来了。这下好了，新一轮骂声又起：怎么能在为母亲守丧之时，公然和婢女如此亲密地出现在公共场合呢？从此以后，阮咸的名誉算是彻底毁了。

竹林七贤之一、位列三公的山涛几次举荐阮咸做官，但都被皇帝拒绝。尽管山涛多次强调，阮咸这人既没有物欲，又对人有着精准的判断力。如果让阮咸在吏部做官，必能清正廉明、知人善用。然而每次当权者都大摇其头。

不过阮咸并不在乎，他说："我虽然多年不能做官，但我得到了儿子阮孚啊！"据史料记载，阮咸的族人多有隐士之风，对阮咸还比较理解。或许他不想对外人解释太多，所以伪称自己"未能免俗"——人家晒衣服他也想晒，人家有儿子他也想有儿子。然而深藏在这"未能免俗"背后的，恰恰是阮咸的出尘脱俗。

阮咸之后，有些年轻人竞相模仿阮咸等人的放浪，一度赤身露体、丑态百出。结果这些人不仅在当时被骂为禽兽，也被后世斥为肤浅。

脱离了精神内核的外在模仿，无异于丑恶的东施效颦。好在别人懂不懂得，阮咸也没有多么放在心上。这世间值得关注的事情那么多，没必要非揪住这些不放。弹弹琴，不是更好吗？

03
才高盖世，遭人忌恨

魏晋时期有不少懂音乐的人，例如和阮咸同时代的荀勖就深谙乐理。拉货的牛，脖子上挂着铃铛，丁零零穿街而过。别人听着很平常，荀勖却听出了其中的韵律。《世说新语·术解》把荀勖这种特殊才能，称为"暗解"。"暗"通"谙"，意思是熟悉。也就是说，荀勖对音律是极为熟悉的。

于是，每当宫廷演奏雅乐，身在机要部门，同时兼管音乐事务的荀勖就要调音。众人听了荀勖调整后的音律，觉得十分和谐，纷纷称赞他的高妙。那时候，阮咸也做了官，所以有机会听到雅乐。然而阮咸却从来没有夸过荀勖一个字，反而跟别人说道："荀勖调得略高了点，以至于乐调有些悲哀。他是按照律尺来调的，这说明，现在的律尺和以前标准律尺的尺寸不一样啊！"

荀勖原来就经常和阮咸讨论音乐，自觉比他差了不少。如今知道阮咸的这番话后，荀勖恼羞成怒。于是，他利用身处机要部门的权力，找了个借口，把阮咸贬到外地去了。

多年以后，有个农夫在田里，偶然发现了一根周代的玉制律尺。荀勖拿到这根律尺后，把它和自己所调试的各种乐器的律管做了细致的对比，他蓦然发现：这些律管都比周朝的那根律尺短一点点。

这"一点点"仅是一粒黍米的长度。古代把一百粒黍米排列起来的长度，当成一尺，用这个尺寸来制造律管。如此微小的差距，竟然能被阮咸觉察出来。《世说新语·术解》把阮咸这种特殊才能，称为"神解"。

阮咸这样的音乐神才，也有着无穷的创造力。当时的琵琶多是梨形音箱，音箱上是一个略微带点曲线感的脖子，被称为"曲项琵琶"。阮咸把音箱改成了圆形，把音箱上面的脖子改成了直的。他时常弹着这把改造过的琵琶，和族人们一起喝酒、聊天，不亦乐乎。这个习惯，至死未改。

大约四百年后，武则天时期，有人从古墓中发现了一件铜制乐器，看着像琵琶，但却脖子直、肚子圆。当时的学士元行冲判断说，这正是阮咸弹奏过的乐器。由于这乐器已是满身铜锈，元行冲便让人用木头做了一件仿制品，试着弹了弹，声音清亮高雅。从此以后，这种乐器就被叫作"阮咸"，简称"阮"。与乐器同名，且和乐器一起流芳百世——不知道当年的阮咸有没有料到呢？

外人看来，阮咸的一生似乎是"被嫌弃的一生"。然而，阮咸自己却没有这种感觉。他这一生，想我所想，爱我所爱，做我想做。如此，甚好。

第三章 绝世美男

何晏：天生丽质，不用涂粉

> 晏，何进孙也。母尹氏，为太祖夫人。晏长于宫省，又尚公主，少以才秀知名，好老庄言，作道德论及诸文赋著述凡数十篇。
>
> ——《三国志·曹真传附》

道不尽三国英雄，数不清魏晋风流。他生性不羁，随性而为，不但才学无双，还是魏晋玄学的创始者之一；他风度翩翩，聪明好学，不但旷达雅远，还是后世潮流的引导者之一。曾有诗赞曰："为郎容貌粉如玉，自古难有相似人。"这个人就是何晏，一个以才学惊艳曹魏，又以容貌闻名后世的奇男子。

01
自尊自强

何晏，大将军何进之孙，出身富贵，本该一生无忧，可东汉末年，何进与十常侍夺权，死于非命，从此何家衰落下来。

何晏之父早逝，曹操任司空时，娶其母尹氏为妾，并将他一同收养。曹操钟爱神童，其子曹植、曹冲，曹冲好友周不疑，曹操都偏爱有加。而何晏自幼"明惠若神"，曹操自然也十分喜欢他，甚至有意收他为养子。

若是寻常人家的孩子，必会欣喜万分，得曹操教导，前途将不可限量。可何晏却无丝毫欢喜，他经常在地上画个方框，自己坐在其中，有人不解这是什么意思，便去问他。他答道："这才是我何家的房子。"

曹操知道此事后，十分感慨，知道强扭的瓜不甜，便将他送回了何家。何晏自小便有如此风骨，宁愿居于方框之内，也不愿忘掉何氏之本。正是这份风骨，让曹操对他更加看重。

曹操每次带着儿子们出去游玩，都会带上何晏，并且"令与诸子长幼相次"，以兄弟之礼相待。可何晏依旧没有忘记自己的身份，无论是坐车还是站立，都独自一人。有人问他为什么要这样，他说这是礼仪，外人不能与亲族一同而坐。

如此独立冷淡的何晏，自然不被曹氏兄弟所喜。曹丕从不愿叫他姓名，每次都是用"假子"来称呼他。而何晏从未将此放在心上，虽久居人下，但他并没产生自卑自弃的心理，反而养成了自尊自强的品格。也正是这份品格，让他从小便勤奋好学，博览群书，这也为其后来开创玄学先河打下了坚实的基础。

其实，很多时候，一味攀附于人，并不能赢得别人的好感。

唯有做好自己，坚持自己的原则和底线，当拥有足够的底气时，才能赢来别人的尊重。

02
天生丽质

谈及三国时期的美男子，人们往往会想起"羽扇纶巾"的美周郎，"荀令留香"的荀文若，"龙章凤姿"的嵇叔夜。而何晏的样貌与他们相比，有过之而无不及。

成年后的何晏皮肤细腻，样貌俊美，且非常喜欢装饰打扮。魏明帝曾疑心他是涂了粉才有这般无瑕的肤色，于是干了这么一件事。某热天，魏明帝召集一帮大臣赐宴，赏赐了何晏一碗热汤面。何晏知道魏明帝的心思，二话不说，端起就吃。他吃得大汗淋漓，用自己红色的衣服擦拭，可脸庞却变得更加洁白明亮。

至此，魏明帝的疑惑终于解开了：原来何晏肤白是天生的。这一碗汤面，造就了何晏的盛名，从此大家以"粉郎"或"粉侯"来称呼他。不仅如此，"驸马"这个词也是从何晏开始的，"粉侯"成了驸马的别称。

魏晋时期，美并不是女性的专利，男性的阴柔美也很受欢迎。上层贵族和名士圈里，男性流行敷粉化妆，当时世人更偏爱皮肤白皙的男子，皮肤越白，越受欢迎。即便何晏已如此"美丽"，但他依旧"粉帛不去手"。从此之后，那些肤白貌美的男子，世人便称之为"傅粉何郎"。

何晏除了爱化妆，有时来了兴致还会穿"妇人之服"，也就是我们现在所说的女装。魏晋是一个星光璀璨的时代，出现了很多著名的美男，那个时代男性对于仪容之美的追求几乎达到了一个狂热的地步。在中国历史上，大概很少有朝代能与之比肩。

魏晋审美，与当时的社会风气、玄学兴起、个体生命意识的觉醒都有着密切关系。而何晏在玄学兴起这一过程中，则起到了关键作用。

03
怀才不遇

世人追捧何晏，不仅仅是因为他的容貌，更是因为他的才学。

他是玄学的创始人之一，清谈的鼻祖。清谈，又叫清言，内容主要围绕《庄子》《老子》和《周易》展开，而这三部书被称为"三玄"。当时，清谈并不是所有人都能参与的，参与者必须是贵族名士或者高级知识分子。

清谈很像现在的辩论会，有一个中心议题，双方进行辩论。不过，与现在的辩论不同的是，清谈双方必须语言优美、音韵和谐、能言别人所不能言。这样的辩论需要深厚的语言功底和哲学修养，而何晏则在清谈中显示了超人的才华。

他十分擅长清谈，再加上惊世容颜与难以攀附的贵族身份，当时很多名士推崇他。在何晏的带动下，许多人越发爱上了清谈。魏晋清谈，重思辨，重逻辑，重审美，士人们在辩论中，实践着一种哲学化的人生，后来逐渐形成玄学思潮。

魏文帝曹丕继位后，不喜欢何晏，因此只安排给他一些闲职。曹丕死后，曹叡继位，依旧没有重用何晏。这二十年间，何晏无所事事，政治前途的暗淡让他非常苦闷，只好在老庄思想中寻求安慰。

何晏与夏侯玄、邓飏等政治上不得志的人结交在一起，成为当时上层青年名士交友活动的活跃人物，同时也成为老庄之学的一批代表性人物。

当时郁郁不得志的青年官员非常多，他们怀才不遇，痛恨朝政，却又无法改变现状。于是他们自发地联合起来，互相交流，品评人物，探讨社会政治和宇宙人生哲理。而何晏成为清谈界的核心人物，则是在魏废帝曹芳正始元年至八年这期间。

"正始"是中国思想史发展的一个极其重要的年代，因为在这期间诞生了影响中国思想学术发展的玄学思想。这一阶段，也是玄学发展的第一阶段，被称为"正始玄学"。

曹叡死后，齐王曹芳（曹叡养子）继位，何晏开始登上向往已久的政治舞台。当时魏明帝曹叡病重后，将曹芳托付于曹氏、夏侯氏宗氏集团，封曹宇为大将军，曹爽、夏侯献等人共同辅佐。

后来宦官集团害怕自己大权旁落，于是诋毁曹宇拥兵自重。曹叡在弥留之际改命曹爽和司马懿为顾命大臣，导致外姓集团和宗室集团两股势力对峙，也埋下了魏朝灭亡的祸根。曹爽辅政后将领导班子进行大换血，任命何晏担任要职，何晏终于可以一展抱负了。

"正始"这十年期间，何晏与郑冲等人一起编纂《论语集解》，这是三国时期最好的《论语》注本。他以道家思想解释儒家学术，以道入儒，玄学开始如雨后春笋般迅速成长起来。"正始"这十年，是何晏最为辉煌的十年。

祸兮福所倚，福兮祸所伏。何晏的初衷，只是想借手中权力实现自己的梦想。可朝堂高层间的争斗，并不允许他如此潇洒下去。曹爽辅政后权倾朝野，而同为辅政大臣的司马懿则被架空。司马懿心有不甘，于是在正始十年，趁曹爽和曹芳去高平陵扫墓时，发动政变夺取政权，史称"高平陵之变"。

司马懿掌权后，诛杀曹氏一党，且故意让何晏审理此案。何晏没有办法，为保全性命，穷治曹爽一党。后来司马懿问："不是要夷八姓，为何只上奏了七姓？"何晏掰着手指头数了数："曹、邓、丁、毕、李、桓、张共七姓，难道剩下的一个是我吗？"

司马懿笑道："正是！"于是何晏随同另外七姓被夷了三

族,但最后因何晏的妻子是金乡公主,司马懿放过了何晏唯一的骨血。

魏晋是一个动乱的年代,也是一个思想活跃的时代。那时的名士们,纵酒佯醉、退隐山林,他们用放荡不羁和玄学清谈来冲击礼教的束缚。魏晋风度后来在历代均遭贬斥,究其原因,大略是当时名士行为出格,有悖常理,还有就是清谈误国。

在那独特群体之中,何晏算是独树一帜的人物。谈及他,大多都是对其容貌的赞美,其他再无夸奖,有时更多是批评。纵观何晏这一生,更多的是让人心生可怜,他无愧于上天,无愧于他人,亦无愧于己心。

潘安：盛世美颜，公子无双

> 岳美姿仪，辞藻绝丽，尤善为哀诔之文。少时常挟弹出洛阳道，妇人遇之者，皆连手萦绕，投之以果，遂满车而归。时张载甚丑，每行，小儿以瓦石掷之，委顿而反。
>
> ——《晋书·潘岳传》

王国维作诗云："最是人间留不住，朱颜辞镜花辞树。"人世间最难留住的，就是美丽容颜如同离树飘零的花叶，一去不返。当一个人的才情足以匹敌完美的外形，他的美丽会拥有超越时光、惊艳岁月的魔力。

一千七百多年前，就曾经出现这样一位男子。直到如今，他的名字仍然是极致美丽的代名词。他就是千古第一美男子，潘安。

01
锦绣皮囊

这个艳阳天有什么不寻常吗？洛阳城中竟然万人空巷。无数少女、少妇、老妪打扮得花枝招展，疯狂地追在一辆马车后面。街巷转角处，一阵温柔的风撩起车帘，立刻引来此起彼伏的尖叫与惊呼。女郎们争相靠近，颤抖着手向车内抛去鲜花与水果，一面无可抑制地被惊世之美吸引，一面小心翼翼地表达着爱慕之情。

车上稳坐不惊的少年，拥有着这个时代最受人追捧的美丽容颜。他的一次出游，能让王朝都城万头攒动。他的一次回眸，能令万千女子心醉神驰。他的名字叫作潘岳，字安仁，后世称之潘安。

潘安出行的盛况，引起了其他男子的羡慕，于是有人开始模仿他。《世说新语》里记载，大文学家左太冲效仿潘安出游，然而他的马车收获的不是鲜花水果，而是洛阳女子的共同唾弃。

因为他容貌不佳，女子们生气地回了家。《晋书》中记载，西晋文学家张载也因为容貌丑陋，出行之时被小孩子扔了满车的石头。

在西晋，拥有美就拥有最疯狂的追捧，不够美连上街出游都只能委顿而返。在那对美狂热追求的时代，脱颖而出的潘安，直到如今依然是美貌的至高标准。"貌比潘安"成为容颜美的极致修辞。

潘安，究竟有多美？即使用尽全部想象，也难以勾勒出一种能够流芳千古的皮囊之美。因为潘安的美，不止于容颜精致。史书形容潘安"美姿仪"，他的完美，还在于举手投足之间，所流露的优雅气质。而这份独特的气质，来源于他满腹的才情。

"腹有诗书气自华"，才情成就了潘安举世无双的绝美。

02
锦绣华章

能够流传青史的美丽，不是浮于表面的空洞。潘安的才华丝毫不逊色于他的美貌。天才少年王勃作《滕王阁序》，写道："请洒潘江，各倾陆海云尔。"潘安与陆机并称"潘江陆海"，二人才华如江似海，乃是西晋文坛的璀璨明星。

潘安从小就聪颖过人，被乡人称为"奇童"，早早被举为秀才。二十岁那年，一篇《籍田赋》歌颂晋武帝躬耕之事，辞藻绝丽，名动朝野。而因为才名冠世，潘安被官场众人嫉妒排挤，赋闲十年不得志。

三十岁左右，潘安才被任命为河阳县令。他勤政爱民，根据当地的地理环境，倡导人们遍种桃李，以果木改善全县的经济和环境。春风吹来之时，河阳漫山遍野深红浅红的桃花，与潘安的美貌相映，便有了最早的花样美男子，时人称一声"河阳一县花"。

他不仅改善河阳的生活环境，也着力整治民风，并为此发明了"浇花息讼"之法。老百姓到县衙诉讼，起初总会心有怨怼，甚或诉讼双方相互争斗打骂。为了平息诉讼双方的情绪，潘安准备了尖底水桶，让被告和原告到花园浇花。因为水桶是尖底，无法平放，双方必须通力合作，才能完成任务。一起合作浇花之后，往往双方都平息了怒气。

在他们心平气和之时，潘安才会判定是非曲直，双方都心服口服。河阳在潘安的治理之下，一时政通人和。李白有诗赞云：

河阳花作县，秋浦玉为人。
地逐名贤好，风随惠化春。

环境因他而风雅，民风也因他而教化。然而政绩卓然的潘安，却仕途不顺。没过多久，他被调离了河阳。此后历任怀县县令、尚书郎、廷尉平、太傅主簿，经历过被除名、被免职、重新被授职的仕途坎坷。

三十二岁那年，潘安甚至因为官场周旋神伤，而中年鬓发初白。那一年，他以细腻生动的文笔、清新高远的意境写下《秋兴赋》，发出了效法庄子"逍遥乎山川，放旷乎人间"的愿望。

进，是大有可为的在朝官员；退，乃文采斐然的文坛巨匠。胸怀锦绣之人，无论身处怎样的环境，总有机会闪耀出无尽光芒。

官场失意，但文坛留名。而无论得意与失意，潘安身边始终陪伴着一位红颜知己。才华横溢的男子，在三妻四妾的旧时社会，往往纵横情场，留下无数风流故事。拥有绝世无双之才貌的潘安，却没有屈从于流俗。他这一生，只与一人携手，只为一人写诗。

03

锦绣良缘

元稹曾经为亡妻韦氏写下感人至深的诗句：

> 曾经沧海难为水，除却巫山不是云。
> 取次花丛懒回顾，半缘修道半缘君。

然而元稹虽有这样的才情，却难以达到这样的修行。他与无数女子有过爱情故事，为初恋情人崔莺莺而作《莺莺传》，为红颜知己薛涛作诗《寄赠薛涛》，为恋人刘采春写诗《赠刘采春》。元稹多情胜过痴情，而真正做到"取次花丛懒回顾"的，是深受万千女子仰慕的千古第一美男子，潘安。

潘安十二岁那年，得见父亲的朋友名儒杨肇。杨肇非常赏识潘安，将女儿杨容姬许配给了他，那年杨容姬刚刚十岁。世交之家，年少定情，从此潘安对杨容姬一往情深。两人相知相恋、相扶相持，一起度过了婚后数十年的美满时光。

尽管受到天下女子的热爱，潘安却从未多看其他女子一眼，从未与其他女子有过任何故事。

他的才情与貌美，都只属于妻子一人。元康八年，四十九岁的妻子杨容姬，先一步离开了人世。少年夫妻，相携半生，如今却只剩潘安孤零零一人，这份生死别离令他悲痛欲绝。潘安将无限哀戚之情，挥洒于三首《悼亡诗》之中，以怀念深爱的亡妻。诗情真意切，感人肺腑：

如彼翰林鸟，双栖一朝只。
如彼游川鱼，比目中路析。

他们曾经如同双栖鸟、比目鱼，在人间相携而游、同住同修，可如今却永远分离，孤苦寂寞。在潘安之前，鲜有男子怀念妻子的文学作品。是他开创了悼亡诗风之先河，往后许久悼亡诗都仅为悼念亡妻而作。

李商隐曾经写诗云："只有安仁能作诔，何曾宋玉解招魂。"只有潘安能写下千古无二、哀婉动情的诔文，因为他心中对妻子矢志不渝的痴情。这份浓烈的感情绝不止于文学的抒发，更是潘安一生的践行。

妻子在世之时，潘安从未纳妾；亡妻离去之后，潘安再未续弦。茫茫人海之中，他们是彼此唯一的灵魂伴侣。

妻子的离开，似乎带走了潘安生命里美好的一切。失去心中所爱，他急于重新找到生的意义。仕途从未顺畅、八次调动升降的潘安，再也按捺不住最后奋力一搏的野心。他以自己满腔才华趋附权贵，活跃于掌权皇后贾南风的阵营。因为太过迫切地渴望施展才华的舞台，潘安竟不惜为荣华富贵躬身下拜，不惜为乱世纷争所裹挟。

当赵王司马伦兵变入宫，贾氏一党几乎被全部扫除，潘安落得"夷三族"的悲惨下场。一腔热血志气，满腹诗文才情，却被短暂的富贵幻象迷了眼，在权贵混战的血雨腥风之中丢了性命。

潘安曾在《闲居赋》中称自己"拙者之为政"，在仕途上他似乎永远都是一位拙者。但文坛之中，他却留下了显赫声名。后来的苏州著名园林也因他的才华而得名"拙政园"。

锦绣一生，至性至情，却也难逃命运设下的荣华陷阱。可悲，可叹！

卫玠：因为太好看而被看死

> 玠字叔宝。年五岁，风神秀异。祖父瓘曰："此儿有异于众，顾吾年老，不见其成长耳！"总角乘羊车入市，见者皆以为玉人，观之者倾都。骠骑将军王济，玠之舅也，俊爽有风姿，每见玠，辄叹曰："珠玉在侧，觉我形秽。"……京师人士闻其姿容，观者如堵。玠劳疾遂甚，永嘉六年卒，时年二十七，时人谓玠被看杀。
>
> ——《晋书·卫瓘传附》

魏晋时期的美男子属中国历朝历代之最，而卫玠就是当中最闪耀的明珠之一。

卫玠兼具才华和美貌：论及美貌，"珠玉在侧"和"冰清玉润"两个典故讲的就是他；论及才华，他的谈吐曾令人倾倒，被评为"东晋第一名士"。然而这样一个集才华和美貌于一身的男子，最后的结局却是被"看杀"。

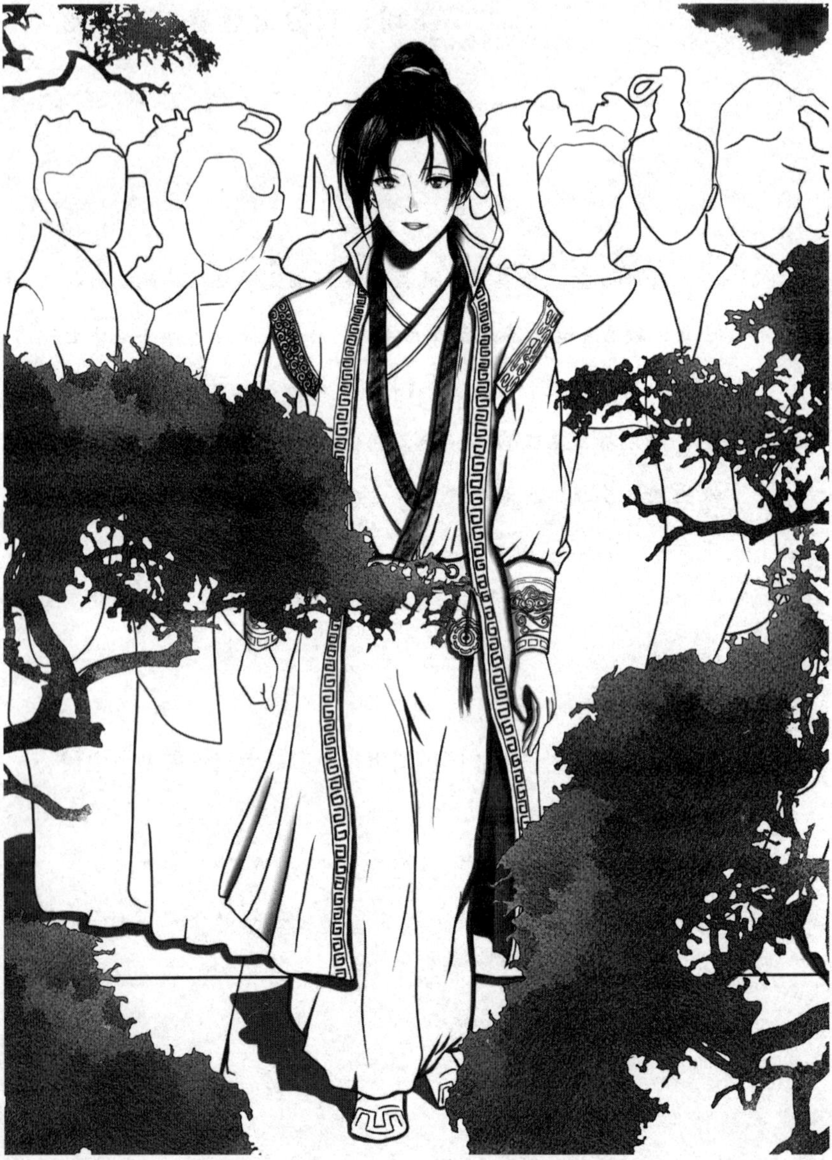

01
俊美如玉，却遭灭顶之灾

说起"四大美男"，大家可能会想到潘安、兰陵王和嵇康，其实还有一个人远在这三人之上，他就是卫玠。《世说新语·容止篇》中写嵇康的有一则半，写潘安的有两则，而卫玠却独占三则，由此可见卫玠的美貌。

《晋书》中描写，卫玠五岁的时候，就已经显现出了"风神秀异"。他乘羊车上街，见到的人都以之为玉砌的美人，这样的美名一经传开，人们为看他一眼竟然倾城出动。

提起卫玠的美貌，史书中多是用一个词来形容，那就是"玉人"。玉洁白温润，在古代是美丽的象征。《晋书·卫瓘传》中记载过这样一个故事——卫玠的舅舅王济是当时英俊豪爽的骠骑将军，风度翩翩的他和卫玠出游，都感叹："与玠同游，冏若明珠之在侧，朗然照人。"

不仅如此，卫玠的岳父乐广也是久负盛名的美男子，世人这样评价他们："妇公冰清，女婿玉润。"曾有人把卫玠的美貌同杜乂对比，要知道杜乂可是连王羲之都称赞其："肤若凝脂，眼如点漆，此神仙人。"

卫玠之美，不仅美在人，还在于他非常有才华。卫玠从小就聪慧，祖父卫瓘这样感叹：这个孩子一定异于常人，只是我年纪大了，看不到他长大成人的那一天了！

一语成谶。祖父卫瓘是开国功臣，他不仅为官清廉，还颇有政绩，在晋武帝在位期间，深受信任。然而惠帝即位后对卫瓘之前"劝武帝废太子"的事怀恨在心，一场被策划的屠杀带走了卫瓘及其府上的九条人命。幸而卫玠和兄长当时在医馆看病，才捡回了两条性命。

曾经显赫的家族，在混乱的时代中竟这般脆弱。如此灭顶之灾，在年幼的卫玠心中烙下了不可磨灭的伤痕。可能也正因如此，卫玠注定会一生坎坷。

02
出身世家，却爱清谈玄学

后来卫家平反昭雪，卫玠的外祖父又是当朝重臣，有这一层庇护，再加上兄长卫璪挡在前面承袭祖父爵位，卫玠还是有机会过自己的快意人生。

命运或许有自己的安排，恩赐他美貌和才华，却也强加给他一副羸弱多病的身体。据《世说新语》记载，东晋丞相王导第一次见卫玠就感叹：这真的是病弱之躯，好像连件衣衫都穿不住的样子。

后来年龄渐长，卫玠尽管身体不好，对于玄学却愈发有独到的见解。魏晋时期的玄学，是一种哲学思想。当时的名士一般通过两种方法谈论玄学：一是著书立说，二是清谈。卫玠就是清谈的高手，精妙细致的道理经过他的叙述就能让人醍醐灌顶。

所谓"清谈"，就是和对手辩论，很是费神。卫玠身子弱，母亲不让他多说话，但卫玠喜爱清谈，且一开口就是妙语连珠，所以他的玄学清谈很受欢迎。传闻当时颇负盛名的王澄、王济、王玄，集合三人学识也比不过卫玠一人，这就是当时流传的"王家三子，不如卫家一儿"。

《世说新语》中记载：当时以清谈著称的琅琊王澄是迈世俊才，平时高傲自负的他，都会因卫玠的精妙言论拜服。由此可见，卫玠在当时影响甚大，备受名士器重。

03
盛名之下，只愿躬身闲职

有了美貌和才华的加持，卫玠并未有任何放荡不羁之色，他待人处事十分豁达通透，一生喜怒不形于色。司马光在《资治通鉴》中这样评价卫玠：风美神，善清谈；常常认为别人没有做到的，能够在情理上宽恕；遭人意外的冒犯，也能够用道理来排遣，他这一生都没有表露出高兴或生气的神色。这样心胸宽阔之人可谓是名士的典范。卫玠若有仕途之心，这样的品性稍加操练，一定可以成为时代的中流砥柱。

自古官场无君子。卫玠厌倦当时的晋朝统治，不愿意做官，只愿在清谈间做自己。后世多批判魏晋士族清谈误国，然而那个已经烂透了的朝代，谁也无法力挽狂澜。所以，很多名士只能在世俗之外寻找途径慰藉心灵。

卫玠深知自己不能改变什么，便在国家动荡之际选择在玄学中逃避。然而卫玠的盛名在外，即便想逃避，也无法推脱朝廷的多次征召，最后任职太傅西阁祭酒，后来又做了太子洗马。若太子有朝一日继位，卫玠作为昔日恩师也多半能享尽尊荣。

然而当时八王之乱，朝局瞬息万变，太子已经沦为政治傀儡，卫玠所担任的都是不重要的闲职。鲜花与盛名之外，还能保持冷静头脑不膨胀的人，才能知道自己要什么。卫玠自始至终，都是跟随着自己内心做出选择。

04
因乱迁居，命丧异地他乡

卫玠生活在一个社会异常动荡的时代，新旧势力的交替，导致中原混战不断，藩王的争权夺利已经耗尽了西晋的气数。卫玠虽不曾追逐过官场的名利，却对时局有清醒的判断。

永嘉四年，八王互相残杀，卫玠提前嗅到危险，为了让卫家不至于在乱世中再遭灭门，卫玠决定带着一家人避难。《晋中兴书》中记载：当时卫玠兄长为散骑侍郎，侍奉晋怀帝身侧，母亲王氏不愿扔下儿子独自逃生，在卫玠的反复劝导下，王氏才为了门户大计流泪答应。

卫玠何尝不懂这就是生离死别，兄长留下来只有死路一条，自己愿意担下赡养母亲的义务，支持兄长舍生取义。国破家亡，北人南渡，千头万绪，纷至沓来。卫玠就是在这样的情况下辗转来到南昌，但他看出当时镇守南昌的将军王敦有狼子野心，便又去了南京。

相传，卫玠二十七岁那年到了南京，由于四面八方赶过来看他的人太多了，导致他不堪其扰，竟然丢了性命。"京师人士闻其姿容，观者如堵。玠劳疾遂甚，永嘉六年卒，时年二十七，时人谓玠被看杀。"这就是《晋书》中"看杀卫玠"的来历。

世人流传卫玠是被看死的，其实很可能是他本来就体弱，再加上在颠沛流离中积劳成疾，又因为兄长遇害伤心不已，这才英年早逝。卫玠在南昌驻守时，曾与长史谢鲲彻夜长谈，听闻卫玠的死讯，谢鲲痛苦不已。

卫玠死后先是葬于南昌，后来又改葬于江宁。丞相王导这样说：卫玠确实该改葬，这样的风流名士，海内仰望，可以准备薄祭，来勉励旧日好友。宋人杨备叹之曰：

年少才非洗马才，珠光碎后玉光埋。

江南第一风流者，无复羊车过旧街。

纵观卫玠一生，如昙花一现，惊艳刹那。

那是一个对文人来说狂放不羁的时代，有竹林七贤，也有金谷二十四友，然而卫玠却是独一无二的存在。身处乱世，卫玠却有赤子之心，如乱世中的珍珠般洁白无瑕。

正如陆机在《吊魏武帝文》中所写："雄心摧于弱情，壮图终于哀志。长算屈于短日，远迹顿于促路。"人这一世或是春风得意，或是穷愁潦倒，终逃不过生老病死之路，而卫玠不过把其中的美好浓缩在二十七年中罢了。

如今逝者已矣，往事已如流水消失在历史的长河中。不管前路繁华或是艰辛，愿我们都能努力活出自己想要的随性自由。

独孤信:能文能武美少年

> 信美容仪,善骑射。正光末,与贺拔度等同斩卫可孤,由是知名。以北边丧乱,避地中山,为葛荣所获。信既少年,好自修饰,服章有殊于众,军中号为独孤郎。
>
> ——《周书·独孤信传》

01
翩翩少年美姿仪

某日,秦州一个位高权重的男子打猎归来。由于天晚事急,一路疾驰,所以帽子有些倾斜,但他自己全然没有察觉。就这样,嗒嗒的马蹄声、倾斜的帽子,成了夕阳西下时秦州城内一道独特的景致。

次日,城里面的一番景象让人目瞪口呆:全城所有戴帽子的男性都把帽子微微侧向一边,就跟昨天打猎归来的中年男子一模一样。一个人的无心之举,怎么一夜之间就成了秦州的时尚潮流?这简直是堪比兰陵王高长恭一般的绝世魅力。那这位戴帽男子究竟是何人？

没错，这个男子，就是以"风度弘雅"著称的独孤信。彼时，秦州正好是他的辖区。但他在众位百姓眼里，完全不是一个高高在上的封疆大吏，而是风度翩翩、勤政爱民的国民男神。

按理说，我国历代史书都是惜墨如金的，更多偏重于人物的事迹描述，而非他们的形貌体态。可无论《北史》还是《周书》，都对独孤信明确给出了如下评价："信美容仪，善骑射。""信既少年，好自修饰，服章有殊于众，军中号为独孤郎。"简而言之，独孤信就是一个从小爱打扮、有品位，而且颜值出众，帅得连军中战友都称呼他为"独孤郎"的男人。

如此不同凡俗的品貌，让史学家们都忍不住把他的外形赞美一番。就连咱们开头这段打猎归来的趣事，也源自史书明文记载，而非民间杜撰。

要知道，哪怕在古代，一个人的外观和气质对他人生轨迹的影响，也是显而易见的。三国时期的谋臣庞统，就是因为形貌不佳，被刘备闲置在地方多年。唐朝书法家欧阳询也因为这个问题，屡次被长孙无忌等人嘲笑。

但纵然拥有旁人艳羡的姿容，独孤信从来都没放纵自己成为一个绣花枕头。从他跟贺拔度等人斩杀卫可孤的那一刻起，就注定了他将凭借自己的才干和谋略纵横驰骋。

02
出将入相名扬世

独孤信原名独孤如愿,鲜卑人,父亲是领民酋长。从小,独孤如愿就以豪迈勇武著称,无论单骑冲锋,还是射箭功夫,都少有人可以跟他比肩。

建明初年,他就出任荆州新野镇将,兼新野郡守,不久之后,又升任荆州防城大都督,兼任南乡郡守。荆州自古以来都是兵家必争之地,年纪轻轻的独孤如愿镇守于此,足以见得大家对于他能力的高度认可。

掌管二郡期间,独孤如愿又展示了自己不同凡响的政治才干,把当地治理得井井有条,百姓们有口皆碑。按理说,一位弓马娴熟、长于刀兵的悍将,应该不那么擅长治国理政,也没有太多闲心俯仰于案牍之间。可独孤如愿却彻底打破了这一成见,用切实行动印证了四个字:出将入相。

贺拔胜离京镇守荆州后,见独孤如愿有此等文韬武略,当即就表奏独孤如愿为大都督。不久之后,独孤如愿跟随贺拔胜进攻梁国的下溠戍,并将其攻克,之后又升任武卫将军。

从他凭借勇武崭露头角,到胜任武卫将军,这一段履历,似乎太过"平平无奇"。可历史就是这样奇妙,在众人以为独孤如愿会这样顺理成章地走向武将生涯巅峰时,一个人的出现却完全改变了他的人生轨迹。这个人,便是他的儿时好友宇文泰。

彼时，贺拔胜的弟弟贺拔岳突然被杀害，贺拔胜当即派遣独孤如愿进入潼关，希望他能安抚贺拔岳留下的兵马部卒。可当独孤如愿到达潼关时，他才发现对方的统帅不是别人，而是宇文泰。一番寒暄后，兄弟两人喜笑颜开。在兵荒马乱的南北朝，这种"战场遇故知"的感觉还真的令人心头暖流涌动。

把酒言欢之际，宇文泰便建议独孤如愿请示朝廷，以求未来大展宏图。不久之后，朝廷也知道了独孤如愿的一番事迹，于是北魏孝武帝便下旨征召他入朝。可直到此时，他还叫"独孤如愿"。

03
信著中土成美名

独孤如愿改名为独孤信，已是他功成名就、威震天下之时。宇文泰觉得他以信义闻名天下，便特地赐给他一个名字"信"，从此他便改名为"独孤信"。单就"信"字而言，他一生中至少有两件大事，来印证他的信义。

第一件，追随孝武帝。北魏孝武帝征召他入朝后，有一次事发突然，必须西行迁移。独孤信闻讯后，匹马单骑，在泸涧追上了孝武帝。孝武帝见状，连连赞叹说："武卫将军竟然能够辞别父母，离开妻子儿女，不远万里前来跟随我。如今时局混乱，危难时方能显现忠良，古人诚不欺我啊！"于是，孝武帝赐给独孤信一匹御马，并将他晋爵为浮阳郡公，食邑一千户。

第二件，义辞梁武帝。独孤信在而立之年，就率兵以奇谋打败了东魏守军，平定了荆州之地，并晋升为车骑大将军。数年辗转，他又回到了荆州重地。不过现在他不再是镇守一城的偏将，而是主政整个荆州的封疆大吏。

可东魏又怎能如此善罢甘休呢？在高敖曹、侯景等将领的轮番冲击下，独孤信认为敌众我寡，荆州之地迟早会失守。经过一番思索，独孤信决定率部逃到南梁。一到南梁，梁武帝二话不说便接纳了他，将他奉为上宾。

以梁武帝的文韬武略和识人慧眼，自然发自内心恳望得到独孤信这位盖世奇才。但他也清楚，自己顶多是当年礼贤下士的曹操，独孤信就跟关云长一样，迟早会远走高飞，去寻找自己心目中的那个刘备。

可即便如此，梁武帝依然不会干涉独孤信的选择。在南梁客居三年之后，独孤信获准回到北方。临行之际，梁武帝恋恋不舍地问道："君欲往何处？"独孤信斩钉截铁地回答："侍奉君王，绝无二心。"短短八个字，却令梁武帝颇为赞赏，当即送给独孤信很多礼物。

回到北方后，他主动请罪辞职，结果文武百官纷纷替他求情，觉得他虽然丢失了荆州，但是以寡敌众、以弱御强，最后失地，也是非战之罪。于是，独孤信非但没有被削职贬官，反而当上了骠骑大将军,成为不可或缺的朝廷支柱。

由此看来,独孤信果真人如其名。但令他名垂青史的最大成就,还是他那"历史第一岳父"的称号。

04
千载谁堪伯仲间

独孤信育有七男七女,总共十四人。论儿子,他们虽然各个锦衣玉食,却没有一个继承父亲的俊朗外表与杰出才能,以至于后人们常常戏谑般评论道:上天果然是公平的。可论女儿,独孤信就无人可及了,因为他有三个女儿都是皇后。

长女是北周明帝宇文毓皇后,谥号明敬皇后。四女是唐高祖李渊之母,追封元贞皇后。也就是说,唐高祖李渊见了独孤信,得叫一声"外公"。七女是隋文帝杨坚的皇后,谥号文献皇后。

七女独孤伽罗,是几个女儿中外形最出众、能力最优异的。没有独孤伽罗的奉献与智慧,杨坚也不可能建立大一统的隋朝。所以,杨坚不仅对老丈人独孤信颇为敬重,对这位妻子也是饱含爱恋和感激。

三个女儿,分别是北周、唐、隋三大王朝的国母。身为他们的父亲,独孤信真不愧是中国历史第一岳父,前无古人,后无来者。

可这样一位岳父，在他身前却没享受到女儿们带来的荣耀。公元557年，西魏恭帝元廓被迫禅位于宇文泰之子宇文觉。宇文觉即位后，建立北周，史称孝闵帝，并升任独孤信为太保、大宗伯，晋封卫国公，食邑一万户。

可就在这一年，宇文觉和宇文护的斗争开始白热化。大臣赵贵密谋诛杀宇文护，却因事情败露身死。作为同谋，独孤信也遭到罢免。但仅仅是罢免，肯定难消宇文护的心头之恨。作为宫廷斗争的主导者，宇文护已经暗下杀心，哪怕独孤信是"八柱国"之一的重臣，他也不愿任何人阻挡他走向权力巅峰。

可是，独孤信的名望实在太大，如果强行处死，未免激起舆论的波澜。于是，宇文护托人给独孤信带话，保证不公开他的罪过，让他体面地自行了断。那个曾经名震一方的翩翩美少年，那个出将入相功勋卓著的北周柱国，那个培养了三位皇后的国民岳父，就这样静静走完了人生的最后旅途，终年五十五岁。

女儿们如何恩宠无限，已经是他的身后之事，自然无福消受。但独孤氏的风骨与气质，被女儿们深深嵌入了北周、隋、唐三朝，融汇到气象万千的历史风云中。

兰陵王：美貌需用面具遮

> 突厥入晋阳，长恭尽力击之。芒山之败，长恭为中军，率五百骑再入周军，遂至金墉之下，被围甚急，城上人弗识，长恭免胄示之面，乃下弩手救之，于是大捷。武士共歌谣之，为《兰陵王入阵曲》是也。……长恭貌柔心壮，音容兼美。为将躬勤细事，每得甘美，虽一瓜数果，必与将士共之。
>
> ——《北齐书·兰陵王孝瓘传》

他是中国古代四大美男之一，是完美的化身。他有着惊为天人的颜值，却要奔赴战场，任黄沙、鲜血和面具，遮盖他的容颜。

他人生最大的悲哀就是出生在一个疯狂得近乎变态的帝王家族。叔侄彼此折磨，兄弟相互残杀，一个比一个短命，一个比一个疯狂。尽管他容貌柔美、军功显赫，终其一生小心翼翼，想尽一切办法避祸自保，可依然无法改变他的悲剧式宿命，他就是兰陵王。

在中国历史上，提起"高长恭"三个字，可能并不算知名，但若提起"兰陵王",那怕是众所周知了。兰陵王文武双全,风姿绝世,戴上面具,他是力破万军、驰骋沙场的勇猛将军;摘下面具,他是玉树临风、风度翩翩的多情王爷。

他既是翩翩君子,亦是国家栋梁,一曲《兰陵王入阵曲》更是俘获了无数女子的芳心。然而,兰陵王的结局却令人唏嘘不已,屡立战功的他,最终还是没能逃脱"最是无情帝王家"的历史悲剧。不过,这也为兰陵王波澜壮阔的人生,平添了一丝悲壮与感动。

01
皎如玉树临风前

兰陵王本名高长恭,其父是北齐的文襄帝高澄。公元549年,高澄完成了夺取东魏皇位的准备工作,然而他却在登基前夕被政敌刺杀。兄终弟及,其弟高洋接替了哥哥的事业,继而建立了北齐政权。

高澄虽被弟弟高洋追谥为皇帝,但其后代却深受高洋的猜忌。年仅九岁的高长恭不仅要经历丧父之痛,还要时刻提防着叔叔的猜忌与陷害。也正是因为这个原因,高长恭的早年仕途很不顺畅,直到十七岁的时候,他才被授为从五品的通直散骑侍郎。

不过，在南北朝时期，战争频发，国家最需要的就是那些冲锋陷阵的勇猛将才，这无疑给了高长恭晋升的机会。高长恭凭借着战功和忠心，一路青云直上，从通直散骑侍郎升职为从一品的仪同三司，后来更是在弱冠之年，被封为兰陵王。从此，"兰陵王"这个称谓成了一个传说。

当上帝关了一扇门，一定会为你打开另一扇门。老天没有给高长恭一个美好的人生开端，却给了他惊世绝艳的美貌。提起兰陵王，很多人的第一印象就是：美。兰陵王的美是超凡脱俗的，他有着一般男子所不具备的俊美容貌，甚至"白类美妇人"。史书中说他"貌柔心壮，音容兼美"，他的墓志铭上更是写着"风调开爽，器彩韶澈"。

按理说，有如此惊世绝艳的容貌，高长恭本人应该很高兴，但对他而言，比高兴更多的是烦恼。因为相貌俊美柔善，所以在战场上对阵时，他经常会受到对手的轻蔑与嘲笑。即便有千钧之力，却长着一副奶油小生的脸，敌人又怎会怕他呢？为了摆脱这一困扰并彰显自己的猛将气质，高长恭命人制作了一些面目狰狞的面具。每逢出战时，他便将面具戴在脸上，以此达到威慑敌人的目的。

公元564年，北周攻打北齐的洛阳，当时的守城部队已经弹尽粮绝，形势岌岌可危。在这千钧一发的时刻，兰陵王只带领了五百名骑兵便冲破北周军队包围圈，一路杀到了洛阳城下。但是因为兰陵王戴着面具，城中守军不确定他是敌是友，直到兰陵王把面具摘下来让大家看到他的面貌时,城内守军才放下心来,迎接他入城。

之后,兰陵王又戴着面具,转身杀出城去。北周军队看见一个戴着狰狞面具的将军在乱军中指哪儿打哪儿,锐不可当,纷纷退兵而去,洛阳之围至此化解。兰陵王在此次战役中威名大振,士兵们唱歌颂之,这赞曲也就是后来闻名天下的《兰陵王入阵曲》。

02
一片冰心在玉壶

兰陵王虽然是皇亲国戚,但是他和那些贪图享乐的贵族公子哥完全不一样。兰陵王身在军中,事必躬亲,厉行节俭,堪称军中楷模。除此之外,他对待自己的手下也很仁爱,就算自己只有"一瓜数果",也拿来与大家一起分享。所以他的手下都愿意追随他,军队的战斗力与凝聚力也越来越强。

为了犒劳军功卓著的兰陵王,皇帝赐给他二十个女人当小妾,但他却只从中选择了一位。兰陵王不仅不贪不躁,而且还是个不念旧恶的君子。有一次,有个叫作阳士深的官员不明就里地弹劾兰陵王贪赃枉法,导致他被免除官职。不过,三十年河东,三十年河西。后来,北齐计划讨伐定阳,兰陵王再次奉命挂帅出征。巧合的是，这个阳士深也在军中，他十分担心兰陵王会对他进行报复，于是整日提心吊胆。兰陵王听说此事后，笑道：告诉他，无须担心，我没有要报复他的意思。为了让阳士深安心，兰陵王故意找了阳士深一个小小的过失，仅仅对他处以杖二十的薄惩。经过这次事件，阳士深彻底服了，从此对兰陵王毕恭毕敬。

然而，下属越是服他，朝廷便越猜忌他。在皇帝看来，兰陵王功高震主且深得人心，这不是一件好事。在民间传说中，当时的胡太后怕兰陵王会仗势夺自己儿子的帝位，于是就以皇帝的名义，将一个叫张香香的妃子赐给他，真实目的是刺杀他。张香香天姿国色，使尽百般手段诱惑兰陵王，但兰陵王却坐怀不乱，不为所动。

半年过去了，张香香不仅没有机会刺杀兰陵王，反被他忠心报国的行为所感动，于是便对他讲出了胡太后的全盘阴谋。胡太后知道自己的计划败露后大怒，要召回张香香杀了她。面对曾经要谋害自己的敌人，兰陵王选择了保护张香香，使其免遭胡太后的迫害。

可见，兰陵王狰狞的面具之下，不仅有一副俊俏的面孔，还有一颗善良的心。

但即便如此，好人终究还是没有获得好报。

03
最是无情帝王家

兰陵王作战勇猛，打仗时总是不避危险、身先士卒。有一次，北齐后主高纬问他："你这样冲进敌阵之中，如果不小心发生意外可怎么办呢？"兰陵王不假思索地答道："家事亲切，不觉遂然。"这"家事"二字让后主高纬很不满，在高纬看来，兰陵王把国事当成自己的家事，这难道不是要造反吗？

兰陵王见后主脸色有异，也知道自己言过有失，于是便匆匆告辞，后来更是用"收取贿赂，聚敛财物"的方式，往自己身上泼脏水。有一次，他的亲信问他说："您已经受到朝廷的重托，为什么还要如此贪心呢？"兰陵王笑而不答。

亲信继续问道："是不是您害怕功高震主，遭受忌妒，而要做令人看不起的事情呢？"兰陵王点头称是。

亲信又接着说道："朝廷如果忌恨你，这件事情更容易被当成是罪名，这不是躲避灾祸而是招来灾祸啊！"兰陵王听后，幡然醒悟，连忙向亲信询问解决方法，亲信说道："您最好假托有病在家，不要再管国家的政事了。"

于是，兰陵王便时常称病在家，闭门不出。但他没想到，即使这样，也躲避不了灾祸。

当时北齐有三个厉害的武将，段孝先、斛律光和兰陵王。段孝先病逝，而后来斛律光被高纬赐死。可以说，当时的整个北齐全靠兰陵王一个人支撑,很多人称他是"北齐最后的支柱"。但是现在,这最后的支柱也被高纬推倒了。

公元573年,高纬派使者送毒酒给兰陵王。兰陵王望着毒酒,万念俱灰,他心里明白,讨说法、申冤都无济于事,倒不如痛快一死,万事皆休!于是,走投无路的兰陵王扔下一句"天颜何由可见"后,便将毒酒一饮而尽。而在兰陵王临死前,他还干了一件让所有人敬佩的事情。他焚烧了所有人欠他的债券,点燃的债券扬起飞尘,似乎在为这为国为民的英雄做最后的送别。

在兰陵王逝世四年后,北周攻下了北齐都城邺城,兰陵王守护一生的北齐,宣告灭亡。真不知他在天有灵,又当作何感想……

自古英雄如美人,不许人间见白头。兰陵王一生没有败给敌人,但却败给了自己人,他一心要守护的人,却无情地给了他致命一击。一片赤诚,最后换来了一杯毒酒。也许,他惨淡的人生结局从他戴上面具的那一刻起,就已经注定了。

"身既死兮神以灵,魂魄毅兮为鬼雄。"兰陵王如昙花一现般惊艳了世人,在留下了幽香阵阵后,黯然收场。而他的名字,却随着激昂的《兰陵王入阵曲》永远回荡在世人心间。

第四章　名士僧道

荆轲：这个刺客没武功

> 荆轲奉樊於期头函，而秦舞阳奉地图柙，以次进。至陛，秦舞阳色变振恐，群臣怪之。荆轲顾笑舞阳，前谢曰："北蕃蛮夷之鄙人，未尝见天子，故振慑。愿大王少假借之，使得毕使于前。"秦王谓轲曰："取舞阳所持地图。"轲既取图奏之，秦王发图，图穷而匕首见。因左手把秦王之袖，而右手持匕首揕之。未至身，秦王惊，自引而起，袖绝。拔剑，剑长，操其室。时惶急，剑坚，故不可立拔。荆轲逐秦王，秦王环柱而走。群臣皆愕，卒起不意，尽失其度。

——《史记·刺客列传》

01
士子荆轲

荆轲刺秦王的故事流传了几千年，被无数后人所传颂。但回顾历史却发现，荆轲并不是一个合格的刺客，因为他的武功不太厉害。《史记》中曾记载了他与两位武林高手之间的故事。

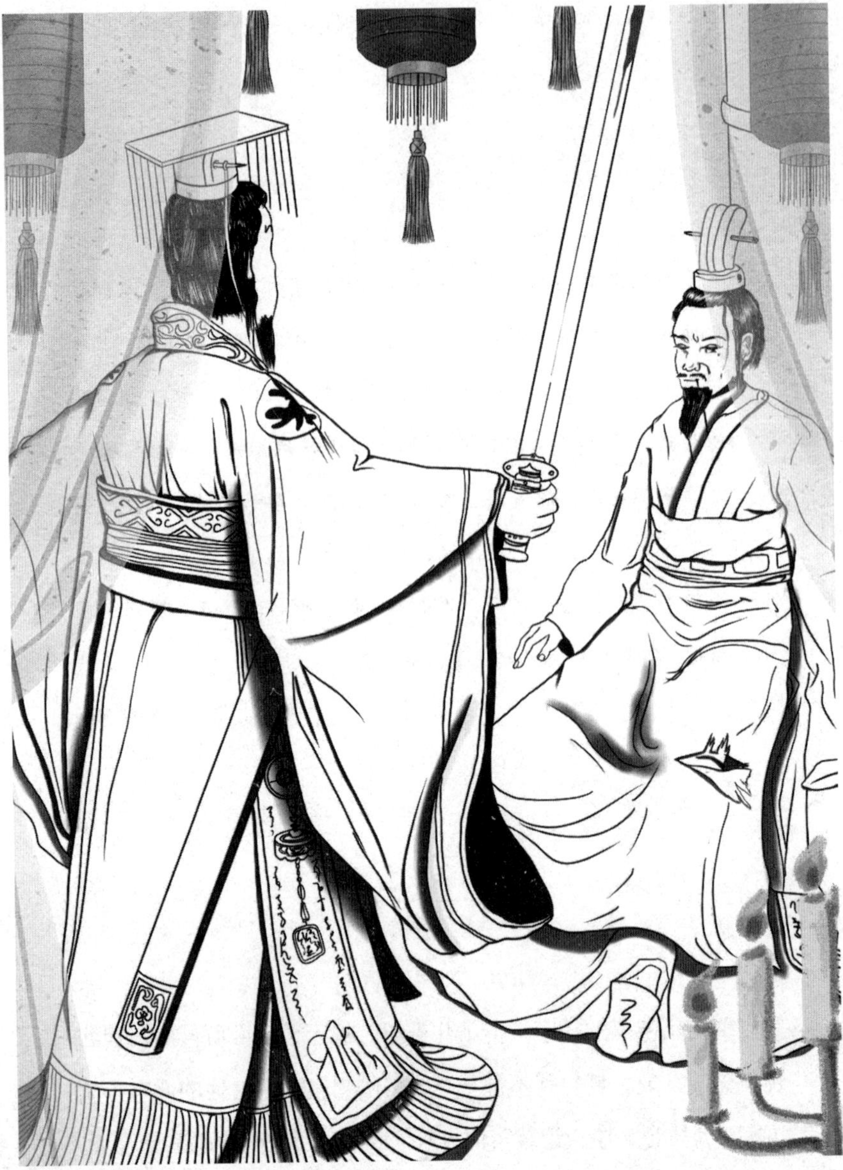

有一次，荆轲到榆次找盖聂讨论剑术。可他水平不高，说出来的道理十分浅显。盖聂却是真正的剑术高手，他实在听不下去荆轲的言论，就用眼睛瞪他。荆轲自觉无趣，就走了出去。

旁人劝盖聂把荆轲请回来，毕竟这样对客人不礼貌。但盖聂却说："他刚才说的话太让我生气了。我瞪眼吓唬他，他应该不敢留下来，你们去看看也好。"于是盖聂派人去找荆轲，果然荆轲已经骑马离开了榆次。

后来，荆轲游历到邯郸时，碰到了另一位高手鲁勾践。他和鲁勾践搏斗争路，鲁勾践很生气，大骂荆轲。荆轲默不作声，悄悄逃走了。如此退让，可见他的武功确实一般，但更重要的原因是荆轲志存高远，不想在小事上与人计较。他的真正理想，是治国。

荆轲的祖先是齐国人，原本姓庆，后来迁徙到卫国，改姓荆。他自幼喜好读书练剑。练剑是为了强身健体，是小事；读书是为了治国安邦，是大道。

一般学问高深的人，在当时都会被尊称为"子"或者"卿"。荆轲，就被卫国人尊称为庆卿。卫国是个小国，实力弱小，在群雄并起的战国时代，随时有被其他国家吞并的危险。荆轲主动向卫国的国君卫元君献上治国之策，想帮助祖国强大起来。

可惜他的见解，没有得到卫元君的采纳，卫国也没有得到任何改善。几年之后，秦国灭了卫国，把卫国变成秦的郡县。这份灭国之仇,让荆轲终生难忘。

02
知遇之恩

　　荆轲为人深沉、学问高深,很受人们的尊重。他去很多国家游历,每到一地,就会结交一些贤能的人或者豪侠之士。最后,他来到燕国。在这里,他碰到两个意气相投的朋友:一个是杀狗的屠夫,一个是善于弹奏乐器"筑"的乐师高渐离。

　　虽然身份相差悬殊,但荆轲却毫不在乎。他们经常相约在闹市上喝酒,喝到兴头上,高渐离击筑,荆轲唱歌,唱到动情处相拥哭泣。看似不讲究礼法,却是至情至性。

　　燕国一位很有名望的读书人田光,十分看重荆轲,认定他不是普通人。很多燕国人也很敬重荆轲,尊称他为"荆卿"。

　　荆轲在燕国待了没多久,碰到一件大事。当时燕国的太子丹,在秦国做质子。因为当年一起在赵国当过质子的秦王嬴政对他不好,他就从秦国逃了回来。他既怨恨秦王不顾念小时候两人的情分,又怕强大的秦国来攻打燕国,就找自己的老师鞠武来商量对策。鞠武认为秦国太过强大,只能慢慢想办法。

　　后来,他向太子丹推荐了田光。田光自认已经老了,无法达成太子丹的愿望,便推荐了荆轲。

太子丹要求田光对外保密。田光向荆轲传达太子丹的邀请后，就当面自杀，以最决绝的方式保守了秘密，也以此来激励荆轲。

荆轲和太子丹见面后，太子丹以极其谦卑的态度说出了自己的全部计划。他认为秦国太过强大，燕国以全国之力都无法对抗。而各个诸侯国害怕秦国的实力，不敢与燕国合作。现在唯一能做的，就是找个勇士前往秦国，用重利引诱秦王，放过燕国。如果秦王不受引诱，就劫持秦王，逼迫他归还侵占的土地。如果劫持也做不到，就杀了秦王。那时秦国内乱，各国合作，一定能打败秦国。

这个计划，要求刺杀者既要有大智慧，又要有超高的武功。荆轲知道自己能力不足，就想推辞。但太子丹却再三恳求，一定要他答应。前有敬重的朋友田光为此而死，后有身份高贵的太子丹苦苦恳求，重情重义的荆轲实在说不出拒绝的话，只好答应了这个请求。

03
冷静筹谋

不久之后，秦国将军王翦打败了赵国，俘虏了赵王，大军逼近燕国的南部边境。国家危在旦夕，太子丹十分害怕，催促荆轲赶紧行动。

荆轲说:"就算太子不催,我也打算行动了。可是我自己去秦国,肯定得不到秦王的信任,无法接近秦王。我需要两件东西。一件是秦王最痛恨的叛将樊於期的人头,另一件是燕国繁华之地督亢地区的地图。只有献上这两件东西,才能让秦王相信燕国求和的诚意,也才有可能让使臣接近他。"

太子丹痛哭流涕,说:"樊於期将军在穷途末路的时候来投奔我,我怎么能杀他呢?"

荆轲见劝说不了太子丹,就自己去见樊於期。他对樊於期说:"我想去行刺秦王给你报仇,同时挽救燕国,但是需要你的人头作为礼物,才能接近秦王。"

樊於期大喜,说:"太好了,我日思夜想就是报仇雪恨。"于是,自杀而亡。太子丹知道后,虽然难过,却也没再说些什么。

为了让行刺更加顺利,太子丹花重金从铸剑大师徐夫人那里买了一把锋利无比的毒匕首,又挑选了十三岁就敢杀人的勇士秦舞阳作为副手。太子丹认为已经万事俱备,荆轲却一定要等他的朋友到来。这位朋友是谁,历史上并没有记载,但后人推测,大概是位绝顶高手。如此,口齿伶俐的荆轲,就可以负责献人头,迷惑秦王,而武功高强的朋友,可以拿着藏有匕首的地图,具体实施刺杀。

可惜朋友迟迟不来,太子丹等不及了。他怀疑荆轲是想借机拖延时间，就出言试探。荆轲大怒，说："我难道是怕死的小人吗？既然太子怀疑我，我现在就走。"

所有人都知道，荆轲此去，生还的希望十分渺茫。太子丹和门客们都穿上白衣服，在易水边给他哭泣送行。荆轲受不了这份悲怆，便放声高歌："风萧萧兮易水寒，壮士一去兮不复还。"语调慷慨激昂，大家都受到鼓舞。荆轲也决绝地上车离去，奔向秦王宫。

04
慷慨赴死

秦王住在深宫之内，很难见到；即使能见到，也很难接近。为了确保计划成功，荆轲重金贿赂秦王宠臣蒙嘉，表示自己想亲手把礼物献给秦王，表达燕国的诚意。

蒙嘉用花言巧语说动了秦王，他决定在大殿上接见燕国使臣。按照计划，荆轲捧着装有樊於期人头的盒子走在前面，秦舞阳捧着地图跟在后面。荆轲很是镇定，一路走来十分从容。秦舞阳却被周围森严的守卫吓得脸色大变，腿软得走不动路。

秦国的君臣，都觉得秦舞阳的行动十分可疑。眼看事情就要败露，荆轲从容解释道："他是北方蛮夷之人，没有见过威严的天子，所以害怕。"这个解释，取悦了秦国的君臣。

秦舞阳已经无力动手，荆轲决定自己行刺。

他先献上人头，再从秦舞阳手中拿过地图，铺在秦王面前的桌子上。地图很大，原本被卷成一卷。荆轲一面展开地图，一面向秦王指点介绍督亢的情况。地图展开到尽头，匕首露了出来。秦王还没反应过来，荆轲拿起匕首刺向秦王。

可惜荆轲的武功太差，几次进攻都被秦王躲过去了，最后被秦王一剑砍断左腿。荆轲自知行刺已经失败，便索性倚着柱子大笑，说："我之所以行刺失败，是因为我想生擒你，而不是杀死你。无论如何，我算是报答了太子。"

荆轲的刺杀行动激怒了秦王，他命令王翦马上攻打燕国。两国实力差距太大，燕国节节败退，五年后被灭国。行刺本是为救国，却加速了国家的灭亡。这样的结果，让后人对荆轲褒贬不一。

有人认为荆轲刺秦是大智慧大勇气，有人却认为荆轲只是逞匹夫之勇。但就事论事，荆轲已经尽了最大的努力。他明知道敌人强大，生还希望渺茫，却不抱怨，更没有逃避。在事前，他沉稳布局，保证自己能顺利接近秦王；在现场，他随机应变，果断出击。虽然结果失败了，但是他在其中表现的智慧和勇气，永远激励着后人。

姜维：诸葛亮的接班人

姜伯约据上将之重，处群臣之右，宅舍弊薄，资财无余，侧室无妾媵之褻，后庭无声乐之娱，衣服取供，舆马取备，饮食节制，不奢不约，官给费用，随手消尽；察其所以然者，非以激贪厉浊，抑情自割也，直谓如是为足，不在多求。凡人之谈，常誉成毁败，扶高抑下，咸以姜维投厝无所，身死宗灭，以是贬削，不复料擿，异乎春秋褒贬之义矣。如姜维之乐学不倦，清素节约，自一时之仪表也。

——《三国志·姜维传》

人生有很多可能性，不同的选择决定了不同的命运。在风云变幻的三国时代，生命的价值已经难以言清，就连是非成败，亦不过转头成空。但翻看三国历史，我们不难发现：那些被载入史册的人，虽有胜败之分、立场之别，但他们却都在自己选择的人生路上，走出了独有的风采。

"汉贼不两立，王业不偏安。"这句出自《后出师表》的经典口号，不仅代表着诸葛亮克复中原的决心，也成为蜀汉政权屹立数十年不倒的精神支柱。诸葛虽逝，信念犹存，而这信念的继承者，便是蜀汉后期的定海神针——姜维。

九伐中原，不胜不休。姜维毫不犹豫地接过了"诸葛亮手中的火炬"，以一个"外来人"的身份耗尽自己一生的热血，来奉行一种信念、坚守一颗初心。他就如同一个热血青年，时刻怀揣着梦想，并准备为之抛头颅、洒热血。先帝之托，武侯之志，数十年来，片刻未忘。

01
岁月易逝，知己难求

姜维的父亲叫姜冏，本是天水郡的一个小官。由于天水郡位于边塞要地，所以时常发生动乱，姜冏便是在一次镇压叛乱的战斗中牺牲的。挺身卫国，战死沙场，姜冏牺牲的那一年，姜维才十二岁。由于姜维是烈士家属，所以上级领导便提拔他做了天水郡的参军。

虽然有了官职，有了俸禄，但对于心气儿极高的姜维来说，仍是很不满意。姜维追求的从来都不是养家糊口、得过且过，"提三尺长剑，立不世之功"才是他内心真正的诉求。也许是老天爷听到了姜维内心执着的呼唤，于是才使他遇到了诸葛亮这一人生伯乐。

公元228年，诸葛亮开始了人生中的第一次北伐。在蜀军神兵天降、出其不意的攻势下，曹魏沿途各郡县纷纷望风而降。当时姜维等人正跟从天水太守在各地巡查，这太守为人怯懦，在得知蜀军即将到来的消息后，立刻抛下了姜维等下属，连夜逃往上邽避难。等姜维察觉之后，已经追之不及了，于是姜维逃回自己的家乡冀县。可此时的冀县更是城门紧闭，死活不肯让他入城。

前有蜀军，后无退路，无奈之下，姜维只好选择归降诸葛亮。这对于姜维来说，既是无奈，亦是幸运。这一年，诸葛亮四十八岁，姜维二十七岁。二人一见如故，演绎了一段真挚的"忘年交"。

看着眼前这位名动天下的卧龙先生，姜维心中不由得一震，因为他知道：从此刻开始，他将迎来一个不一样的人生。而对于诸葛亮来说，姜维绝非是普通的降将，而是一个可以传授毕生所学的好学生。

姜维随诸葛亮返回成都后，便担任了奉义将军，封当阳亭侯。而且诸葛亮还多次给蒋琬、张裔等朝廷重臣写信，信中称姜维"心存汉室，而才兼于人"，是"凉州上士"。这等高度赞美，出自一向对品评人物十分谨慎的诸葛亮之口，是极为罕见的。

鲁迅曾说："人生得一知己足矣，斯世当以同怀视之。"姜维不仅是诸葛亮的知己、学生，更是诸葛亮精神与理想的寄托。诸葛亮欣赏姜维，不仅因他有着高出他人的军事才能、可以煽动凉州羌胡的号召能力，更是因为他身上有着一种立功立事的进取精神。而这种精神正是蜀汉最需要的。

曾几何时，在那天地肃杀的白帝城，奄奄一息的刘备给了诸葛亮信心、信任、权力，让他只能尽心、尽力、尽忠地用生命作为回报。而如今，在这秋风瑟瑟的五丈原，诸葛亮的识才、爱才、用才，更让姜维下定决心，完成这"鞠躬尽瘁，死而后已"的不朽承诺。

02
九伐中原，寸心不失

北伐，是诸葛亮和姜维两个人后半生共同的主题。在诸葛亮指定的三个继任者中，费祎是不思进取的"保守派"，蒋琬属于无可无不可的"中间派"，只有姜维是立功立事的"进取派"。

在蒋琬、费祎执政时期，蜀汉上下对于北伐已经不再狂热，但姜维却没有就此放弃北伐的念头。哪怕每次只给他几千人的兵力，他也会尽其所能地打好每一仗。

蒋琬、费祎只守不攻，举国上下无心北伐，只有姜维一人，还在默默地操练兵马、囤积粮草，为日后继续北伐做着准备。这一准备就是二十年之久，此时的姜维已年过半百，到了和诸葛亮兵出祁山时相仿的年纪。而这时蒋琬、费祎已死，军权彻底落在了姜维手里，他终于可以挥师北上，大干一场了。

纵然姜维立志建功，可现实却是残酷的。上天给姜维安排了一个强大的对手——邓艾。段谷一役，姜维大败而归，之后数次出兵，也终究未能取得实质性胜利。姜维前后九次北伐，虽然在次数上已经超过了诸葛亮，但成就却远远不及。

姜维的北伐不仅没能为他建立功勋，反而使蜀汉的国力日益衰弱，这引起了朝中大臣的不满。宦官黄皓更是多次向后主刘禅进言，说姜维拥兵自重，图谋不轨。姜维本身是个外来户，又没有诸葛亮的威望与才能，面对政敌的构陷，他无力反击，只能前往沓中屯田，以避锋芒。

其实，在诸葛亮辅政时期，蜀汉实行了"军政一体"的"军、朝、宫、府"四位一体组织原则。

这种极度专权的制度，将整个蜀汉的方方面面都集中到诸葛亮一人手中。一般来说，这样的安排对皇权已然构成了极大威胁，甚至可以说，蜀汉的皇权，已经不存在了。

但正如后世所说的那样：周公和王莽的最大区别便是一个"忠"字。值得庆幸的是，诸葛亮是又一个周公，也正因如此，刘备放心他专权，刘禅任由他专权。"军、朝、宫、府"的高度统一运作，不仅使得诸葛亮可以放开手脚，一心北伐，也使得后方稳定、朝政清明。

但到了姜维这里，四项大权中，也就只剩下了军权。而且这个军权也是不完整的，尚有一部分军权把持在与黄皓狼狈为奸的阎宇手中。

外有强敌，内有政敌，姜维的呕心沥血，换来的不过是穷兵黩武的责难与猜疑。可他仍不曾有一刻动摇与后悔，虽千万人，吾往矣！

03
无力回天，国破身死

就在姜维还在等待机会北伐的时候，曹魏率先开始了反击。公元263年，曹魏主动对蜀汉发起进攻。魏将邓艾、诸葛绪、钟会三路大军进攻蜀汉，而此时的后主刘禅还处在醉生梦死之中。当此国难之际，姜维挺身而出，以一人之力苦苦支撑着风雨飘摇的蜀汉江山。

前门拒虎，后门进狼。正当姜维让钟会数十万大军寸步难行之时，邓艾以奇兵偷渡阴平，直临成都城下。后主刘禅在大惊之余，选择了出城投降。

当后主投降的消息传到军前时，蜀汉的热血将士们愤怒异常，以至于拔刀斫石。而直到后主的投降诏书传遍三军之时，姜维心中的火焰依旧没有熄灭。他要借钟会之手，使"社稷危而复安，日月幽而复明"，可惜最终没能如愿，只落得个身死国破的下场。

复蜀计划败露，姜维这位企图改写历史的末路英雄，带着深深的惆怅与无奈，走到了生命的终点。兴衰谁人定，胜败岂无凭？一心想通过立功立事扶摇而上的姜维，没有扶起大汉江山，也没有扶起刘阿斗，甚至于没有扶起他自己。

蜀汉一州之地，人才凋敝，后继无人，终究难逃覆灭。姜维的一生努力付诸流水，但他仍是无愧于心的，因为他带着复兴汉室的信念，战斗到了最后一刻。从某种意义而言，蜀汉精神的灭亡并不在刘禅出城投降的刹那，而在姜维悲壮死去的瞬间。

在姜维身上，人生的风起云涌，不再是评判成败的标准，而只是他一生执着的装点。黎东方曾赞姜维是"三国时期最后的一位烈士"。他不仅继承了诸葛亮的理想信念，同时也继承了儒家那份求而不得的悲情。

姜维一生活过了两个末世：一个东汉，一个蜀汉。一个是他文才武略的起点，一个是他尽忠效死的终结。在四川剑阁县姜公祠上，有一副名联诠释了姜维的一生：

> 雄关高阁壮英风，摔出丹心，披开大胆；
> 剩水残山余落日，虚怀远志，空寄当归。

得遇伯乐，人生所幸；无力回天，人生所命。姜维选择为蜀汉守过最后一个夜晚，最终无愧天地地闭上了自己的双眼。见危授命，投节如归，求仁得仁，何惧何怨？姜伯约，壮哉！

王衍：皎皎名士，跌落神坛

衍字夷甫，神情明秀，风姿详雅。总角尝造山涛，涛嗟叹良久。既去，目而送之曰："何物老妪，生宁馨儿！然误天下苍生者，未必非此人也。"……衍年十四，时在京师，造仆射羊祜，申陈事状，辞甚清辩。祜名德贵重，而衍幼年无屈下之色，众咸异之。杨骏欲以女妻焉，衍耻之，遂阳狂自免。武帝闻其名，问戎曰："夷甫当世谁比？"戎曰："未见其比，当从古人中求之。"

——《晋书·王戎传附》

一天，竹林七贤之一的山涛家中，突然来了一个奇怪的小孩儿。这小孩儿虽然看上去个头不大，但风采却有如成人，尤其是那双炯炯有神的眸子，似乎充盈着超乎常人的智慧。待到山涛与这小孩儿聊天时，更加觉得对方言论精妙，不同凡响。

天下竟有如此神童？小孩儿的优异表现，着实让山涛惊叹不已。等到小孩儿离开的时候，山涛一边注视着他的背影，一边感慨地说："不知是哪位妇人，竟然生出了这样优秀的儿子！然而误尽天下苍生的,未必就不是这个人。"

谁又能想到,山涛居然一语成谶!这个小孩儿长大之后,确实成了天下名士的领袖,但同时也成了误国误民的罪魁祸首。这个人,便是有着"一世龙门"之称的西晋名士王衍。

01
翩翩美少年,皎皎名士风

王衍生活在玄学之风盛行的西晋时期,在那个年代,评判一个人是否有资格成为名士的标准主要有三点:一是长得帅,二是有才华,三是口才好。

以上这三点你若是占上一点,那就算入了名士之流;你如果占了两点,那就是名士中的佼佼者;如果你占了三点,那不得了,你将成为名士中的"武林盟主"。而王衍正是名士中的大名士,"大"到当世无比、天下无敌。

不得不说,王衍从里到外都那样完美。他出生在魏晋的名门望族琅琊王氏,祖父王雄是幽州刺史,父亲王乂是平北将军,堂兄王戎是太子太傅,族弟王导是东晋宰相。可以说,王衍的家庭背景极其强大,这也使他有足够的底气,去和那些名声远扬的前辈们平等交流。

除了家庭背景强大,王衍本身也是个超凡脱俗的人物。他不仅长得帅、有气质、悟性高，口才还十分了得，尤其是他那双手，更是迷倒了万千少女。

据《世说新语》记载："王衍恒捉白玉柄麈尾，与手无分别。"他的手异常白皙，当他拿着白玉做的拂尘时，人们都分辨不清哪是他的手，哪是白玉柄了。

帅是帅了些，但王衍并非是靠帅登上"名士领袖"的宝座的，人家可是全靠实力。王衍平时喜欢谈论连横合纵的游说之术，并自比于子贡。他还经常与人讲一些道家典籍中的精义，就连当时的一些专家学者也自愧不如。

最重要的是，他的人品也还不错。当时朝中的权臣杨骏，想让王衍做自己的女婿，可王衍看不上这个争权夺利的人，于是便假装发疯，最后顺利躲了过去。

后来，王衍娶了当朝皇后的亲戚郭氏，这郭氏凭借皇后的权势，到处搜刮财物，很是贪得无厌。王衍素来鄙夷郭氏的这种行为，但又没有办法制止她，于是只能对她提出无声的抗议——生活中从来不说"钱"字。

有一次，郭氏想试试王衍究竟会不会说这个字，就趁他睡觉时，用钱把床围了起来。等到王衍早晨起来看到钱后，十分惊讶，但他依旧没说"钱"字，而是大喊道："来人，快把这些阿堵物拿走！"从此，"阿堵物"也就成了钱的代称。

才华、容貌、品德统统具备，所以无论是朝廷高官，还是民间高人，都视他为偶像，就连晋武帝司马炎也听说了他的名声，想请他出来做官。不过王衍清高得很，坚决拒绝出仕。

为表决心，他从此以后再也不谈国事，不言民生，整日里只是吟咏诗赋，谈玄论道。这似乎是在向外界宣告：我不想当官，只愿做一个纯粹的名士。

不过，这样悠闲的日子并没有持续多久。他的家族背景与个人名望，都不会允许他一辈子做个谈天说地的闲散人。最终，他还是选择了出仕。

02
左右逢源，崇尚清谈

如果用一个词来形容王衍的仕途，那就是一马平川。

从太子中庶子、中领军到尚书令，王衍已经由当年的闲散人变为朝廷当中举足轻重的大人物。但即使做了朝廷高官，他依旧不改名士本色，整日里依旧是谈玄论道、四处"吹牛"。而且他还不是一个人在吹，朝廷官员在他的影响下，都以他为榜样，不干正事，不理民生，转而去吟诗谈玄了。

而此时的朝廷内部，明争暗斗越来越激烈，为了能够活下去，王衍变成了一个精致利己的投机客。他将自己的三个女儿分别嫁给了贾后的侄子贾谧、太子司马遹、东海王司马越的舅子裴遐。

王衍通过女儿的婚姻，一边归依太子，一边缔结后党，一边还不忘拉拢强势的司马氏宗亲，为自己买了多重保险。后来，贾后与太子率先展开了争斗，王衍意识到了贾后的强大，所以便在第一时间上表晋惠帝请求女儿与太子离婚，迫不及待地与太子划清界限。

　　不过，王衍并没有得意多久，不久之后，贾后便被废黜了，王衍也因受到牵连而被罢官。但这次罢官正中王衍下怀，因为他深知现在正是乱局之时，"隐蔽不出，苟且偷生"才是最佳活法。所以当赵王司马伦让王衍出来做官时，王衍故技重施，装疯砍伤了自己的婢女，不再参与时政，只为保全自身。

　　可到了齐王司马冏掌权时，王衍的疯病又好了，而且身价暴涨，没过多久就做了中书令。八王之乱开始了，司马家的几个王爷你方唱罢我登场，王衍也在政治斗争中随波逐流，屹立不倒。到东海王司马越执政时期，王衍已经坐到了三公的高位。

　　可王衍"虽居宰辅之重"，却"不以经国为念，而思自全之计"。他考虑的不是国家与百姓，而是如何在混乱的局势中苟且偷生。王衍一步步精准的算计，使他躲过了一场又一场灾祸。不过，这也使得他偏离了正义的轨道。人们逐渐认清了这"名士领袖"的真面目，王衍终将会跌落神坛。

03
一念之差，成千古罪人

正当西晋王朝内乱之时，北方的游牧民族逐渐强大起来，其中更以石勒为首的羯胡最为猖獗。

东海王司马越为了抵御外患，便带兵讨伐入侵的石勒。

不幸的是，司马越出师未捷身先死，于是众人便推举王衍担任三军主帅，接替司马越对抗敌人。但王衍却胆小怕事，坚决不肯扛起重责，他推辞说："我年少时就没有做官的愿望，然而积年累月升迁到现在的地位。今天的大事，怎能让我这样一个没有才能的人来担任统帅呢？"众人见王衍坚决推辞，于是只好跟随他撤退。

可石勒怎能放过这样的机会，他还想与王衍这老朋友会会面呢！于是他亲率轻骑追上晋军，将王衍等王公贵族一网打尽。

其实，早在石勒少年时期，便与王衍有过"一面之缘"。那时十四岁的石勒曾随乡里人到洛阳做生意，休息的时候倚在城楼边高声歌唱，不料正好被身在附近的王衍听见。王衍听到歌声后，吃惊地对左右的人说："刚才那个胡人小孩儿，我从他的歌声中听出了异于常人的志向，恐怕将来会成为国家的祸患。"

于是王衍立刻派人去抓他，结果扑了个空。也许就连王衍也没有想到，这个少年竟然会是自己日后的掘墓人。石勒将王衍等人押入帐中，向他们询问西晋的旧事。为了活命，王衍不仅将误国误民的罪责撇了个干干净净，还劝说石勒称帝，极尽阿谀奉承之能事。

不料，石勒听后勃然大怒，指着王衍说道："破坏天下，正是君罪！"于是，石勒让手下把王衍押了出去。注视着王衍步履蹒跚的背影，石勒对身边之人说道："我行走天下多年，却从未见过如此厚颜无耻之人，还有让他活下去的必要吗？"就这样，一代名士，终究殒命于敌手。

王衍去世几十年后，东晋名将桓温曾满怀感慨地说出一句这样的话：国土失陷，中原成为一片废墟，这和王衍等人脱不了干系。西晋之亡，自然非王衍一人之过，但无可否认的是：以王衍为代表的清谈派，实实在在地成了西晋覆灭的催化剂。

正所谓，在其位，谋其政。乱局之中，作为朝中重臣、名士领袖的王衍，想的不是如何补偏救弊、拨乱反正，而是如何欺世盗名、苟且偷生，这便是不可饶恕的罪责。

王衍在临死前，曾哀叹说："我的才能即使不如古人，但如果平时不崇尚浮华虚诞，而是勉力匡扶天下，也不至于落到今天的地步啊。"人之将死，其言也善，王衍的这句临终自白，也成了他"清谈误国"的最佳注脚。清谈固然高雅，可真正能改变命运的，还是脚踏实地的奋斗。

祖逖：闻鸡起舞，有志之士

> 与司空刘琨俱为司州主簿，情好绸缪，共被同寝。中夜闻荒鸡鸣，蹴琨觉曰："此非恶声也。"因起舞。逖、琨并有英气，每语世事，或中宵起坐，相谓曰："若四海鼎沸，豪杰并起，吾与足下当相避于中原耳。"
>
> ——《晋书·祖逖传》

成语"闻鸡起舞"，主要用来夸赞奋起报国的有志人士。这个成语的主人公，志存高远、性格坚毅。但他不是个循规蹈矩的英雄。为达目的，他常常独辟蹊径，不按规矩出牌。他就是晋代名将——祖逖。

01
心怀大志

《晋书》中有载，祖氏家族是"世吏二千石"的豪强家族。按照《汉书·律历志》中的换算标准，二千石相当于现代的二十四万斤。祖家的底子之丰厚，可见一斑。

生于这种家庭的祖逖，不是一般世家子弟可比的。但他却不是个纨绔公子，年少时便将百姓疾苦放在心上。遇到天灾时，他就会开仓放粮，赈济灾民。不论是乡间侠士，还是内迁的胡人，都对他赞誉有加。

加之他聪敏好学，被誉为"赞世才具"。用现在的话说，就是有做治世能臣的天赋。这样的人才应该早点出仕为官，可祖逖却对仕途有着自己的想法。

"举孝廉"时，祖逖觉得"孝廉"是虚名，不去；"举秀才"时，祖逖觉得一纸文章换来的官职没意义，也不去。可是傅咸慕名招揽他，祖逖却欣然在其手下做了一名主簿。

傅咸的官衔是司隶校尉，虽然不大却很重要。在内，监督百官；在外，管辖一方政务。更厉害的是，可以自己养兵。总之，这么重要的位子，要是没有真本事，还真坐不了。

更加难能可贵的是，傅咸此人口碑很好。《晋书·傅咸传》中记载，他"疾恶如仇，推贤乐善"。年轻的祖逖本就崇拜英雄，自然被有实力又有原则的傅咸折服了。于是，他才不管职位高低，高高兴兴上任了。

任职多年后，司隶校尉府来了一个新主簿。这人名叫刘琨，是中山靖王之后，正儿八经的汉室宗亲。刘琨素有"雄豪"的美名，而且据《晋书》所载，他"俊朗之目""文咏颇为当时所许",是个有文采的帅哥。

祖逖与刘琨很是投缘,没事就凑在一起聊天。时政、人生、理想,无话不谈。他们越聊越投机,常常同床而卧、同被而眠。某天半夜,祖逖被鸡叫声吵醒,便把刘琨也叫了起来,说:"此非恶声也。"两个心怀大志的年轻人,从此"闻鸡起舞",练起剑来。

祖逖在十一年的主簿生涯中,常参机要,总领府事。不管是领导力还是应变力,都得到了全方位的提升。而与刘琨互相激励的四年,更坚定了他未来为国尽忠的志向。

02
八王之乱

被曹操提拔起来的司马家,与祖家是世交。《晋书》中记载祖逖的父亲:"父武,晋王掾、上谷太守。"这个晋王就是司马昭,他曾招祖逖的父亲为掾属,甚至让其出任上谷太守。上谷是边防重镇,多疑的司马昭能放心托付这么重要的岗位,可见祖家深得他的信任。

司马昭死后,司马炎篡位称帝。他琢磨着曹魏灭亡于权臣专政,皇权衰弱,于是重启分封制,设立了二十七个诸侯国。他本想着,诸侯王都是自家亲戚,一旦有祸事,准能来护驾。可没想到的是，亲戚们更垂涎皇帝的宝座，酿成了后来的"八王之乱"。

司马家内斗时，身负"赞世才具"的能人祖逖，成了众位司马重点拉拢的对象。他一会儿是齐王司马冏的掾属，一会儿是长沙王司马乂的骠骑祭酒，一会儿又成了太子中舍人。司马家忙着争权夺利，北方的少数民族政权趁机南下。

为避战祸，祖逖带着族人南渡逃难。一路上，他看到很多雇不起车马的穷苦百姓，连老弱妇孺都只能负重步行。这让爱民的祖逖心中很不是滋味，每每看到有百姓病倒，他都会把自己的车马让给他们。

《晋书》中夸赞他爱民，能够将衣服、粮食、车马全部都与百姓共享。祖逖爱民，不仅深受难民爱戴，还让同路的豪杰们敬佩不已。他们纷纷投奔过来，甘愿成为祖家的部众。祖逖与众豪杰一路守望相助，共渡难关，终于到达了南方。

等到司马睿在南方建立了东晋，就想拉拢很有声望的祖逖入朝为官。但北境故土的百姓还在受苦，祖逖怎么能安享太平？朝堂上，祖逖上书执意北伐，司马睿不得不同意。毕竟，他不愿落下不顾江山基业、血脉亲情的骂名。

可司马睿只想在南方偏安，至于被蹂躏的北方亲戚们，他根本管都不想管。于是，他一不给兵马，二不给军械，只提供了千人份的粮米和三千匹布。这哪儿是打仗啊？祖逖逃难时都比这富有。司马睿摆明告诉祖逖：送死请便，跟我无关。

祖逖慨然北伐，当初一路跟随他南下的部众，都成了他最忠诚的亲兵。在后来的战斗中，他凭这些亲兵的勇武，一次又一次冲出重围，化险为夷。

03
计谋过人

祖逖从未忘记驱逐胡人，收复河山。这个目标鲜明坚定，没有一丝一毫的动摇。

北伐渡江时，他面对滔滔江水，想起北伐大业缺兵少将、军资匮乏，顿觉心绪难平。为了给自己鼓劲，船行至中流，祖逖狠狠敲打船楫立誓："祖逖不能清中原而复济者，有如大江！"这份以身许国的誓言，是祖逖以天下为己任的万丈豪情。

渡江之后，他招募流民组成"祖家军"，自己铸造兵器，筹备练兵，积极备战。当然，这些是远远不够的，祖逖还打算收编地方武装坞堡主们的兵力。

收编樊雅时，祖逖向另一位坞堡主借了一队兵马。带兵的李头喜欢马，对祖逖的良驹垂涎三尺。祖逖直接下马卸鞍，把马赠予李头。良驹赠英雄，祖逖不觉得有什么，但李头却激动不已，在对战樊雅时，特别卖力。事成之后，祖逖对李头恩礼相待。李头深感祖逖大义，时常对人说："若得此人为主，吾死无恨。"

在对待民间自行推举的坞堡主时，祖逖或分化，或恩待，一半智计一半赤诚。不久，将大半坞堡势力归于自己麾下。在与胡人的战斗中，祖逖更愿意智取，而不是强攻。他不怕硬碰硬，只怕白白牺牲掉将士们的性命。

祖逖与敌将桃豹对战时，对方很是勇猛，双方僵持不下。他不愿士兵伤亡，便开始用计。《资治通鉴》中记载了这次精彩的战斗："逖使数人担米，息于道。豹兵逐之，弃担而走。豹兵久饥，得米，以为逖士众丰饱，益惧。"

原来，桃豹的军队极缺粮草，眼见祖家军一袋袋搬粮不说，还能满不在乎地丢下几袋子米，就以为敌方粮草充足，难以战胜。桃豹心理素质再好，也不得不心生怯意，连夜遁逃。这一逃，军心便散了。

不久，胡人主帅又另派精兵来攻，他们人虽多却早已丧失了斗志，自然兵败如山倒。《晋书》中说，祖家军发动各方力量，建造防御用的工事和堡垒，一边耕种一边守卫边关，随时准备着与敌军交战。祖逖善于用兵，计谋过人，在战场上不断获胜，终于阻挡了胡人南侵，全面收复了黄河以南的国土。

很多人对祖逖的了解，仅限于"闻鸡起舞"，知道他是个能吃苦又上进的人。其实他的智慧，也值得我们称赞。在乱世之中，自保都很难，但祖逖却能在各方势力的倾轧中，做出一番事业。《晋书》虽然评价祖逖为"贪乱者"，但是也记载了他死后，全国百姓悲痛不已，纷纷为他立祠祭奠的情景。英雄身后名，在史书工笔，更在百姓民心。

桓温：与豪门的恩恩怨怨

> 温既负其才力，久怀异志，欲先立功河朔，还受九锡。……温初望简文临终禅位于己，不尔便为周公居摄。事既不副所望，故甚愤怨，与弟冲书曰："遗诏使吾依武侯、王公故事耳。"王、谢处大事之际，日愤愤少怀。……凡停京师十有四日，归于姑孰，遂寝疾不起。讽朝廷加己九锡，累相催促。谢安、王坦之闻其病笃，密缓其事。锡文未及成而薨，时年六十二。
>
> ——《晋书·桓温传》

公元334年，王氏家族的重臣王导，在建康城（今天的南京）接待了来此出差的名士殷浩，陪同的有当朝驸马桓温。几人高谈阔论，一直聊了大半夜。但让人尴尬的是，整个过程桓温几乎没插上话。

东晋时代崇尚清谈，喜欢探讨玄而又玄的哲学问题。殷浩和王导都是清谈高手，而桓温却是一个尚武的军人，对清谈并不擅长。可以想象，当时的桓温应该会很孤独。

虽然地位并不低，但却总是被排除在外，这种不被豪门望族所重视的感觉，几乎贯穿了桓温的大半生。

01
被鄙视的兵家子

桓温的父亲原是个县令，后来四处结交豪门，加上略有军功，终于在上流社会有了点名气。作为长子的桓温小小年纪就好赌博，俨然是一个不成器的富二代。

没想到，他的好日子在十五岁那年突然到了头。因为这一年，他的父亲被叛军杀死，桓温的家道迅速衰落，一度到了卖弟弟为母亲买药的地步。自此以后，桓温迅速成熟。

几年后，桓温因为行事勇猛刚毅，被朝廷看重，不仅成为当朝驸马，还被授予琅琊内史一职，也就是俗称的"琅琊王"。

然而正像开头所说，和皇家联合执政的豪门世族，并没有因为桓温地位上升而多看他一眼。原因有三：一来，桓温不会清谈——这可是豪门名士的标配；二来，桓温不是世代富贵，和著名的王、谢等家族子弟根本不能比；三来，桓温是个武官，而东晋时代重文轻武。于是，桓温总是被当时的名门望族所轻视。

谢家的谢奕，曾经给桓温灌过酒。桓温不胜酒力，只好逃走。见桓温逃走了，谢奕就临时找了一个老兵陪他喝酒，还说：

"那个臭当兵的跑了,有你这个臭当兵的陪着我喝,也行。"

有一天下了大雪,桓温换了一身猎装,兴冲冲地去打猎,不想被名士刘惔看到。刘惔老远就冲桓温喊道:"老东西,你这是要去干吗啊?"桓温一听都气笑了,说:"我要不经常出去练练,你们能安安稳稳坐这儿闲扯吗?"所以,即使桓温一路加官晋爵,让桓家正式成为东晋四大家族之一,但还是被那些名门望族鄙视。

桓温的儿子到了娶亲的年龄,他想让儿子娶王坦之的女儿。尽管王坦之当时还是桓温的手下,但是王坦之的父亲却坚决反对,说:"我们王家的女儿怎么能嫁给兵家子?"此事也就这样不了了之。

总之,在喜欢清谈、重视门第、重文轻武的豪门那里,桓温再怎么努力,也很难真正混进他们的圈子。这让他产生了深深的自卑感,也渐渐有了撇开豪门独立发展的想法。

02
意外的胜利

桓温彻底厌倦了被豪门排挤的日子,开始单独采取行动。三十四岁那年,桓温意识到,当时位于蜀地的成汉政权,已经腐败得一塌糊涂,正是攻打他们的好时机。但他也深知,朝廷一向认为蜀地地形复杂，很难取胜，所以是不可能支持他的。

于是，他给朝廷呈上了请战书，但是不等朝廷批准，直接率大军西行入蜀。结果，让豪门贵族们惊掉下巴的是，桓温还真把成汉给灭了。

打仗时有一件意想不到的事，让他有了自己的想法。当时的场面十分惨烈，成汉军队并不是桓温想象中的那么不堪一击，甚至十分刚硬。忽然间，一支利箭带着风声，"叮"的一声破空而来，桓温的马吓得前蹄腾起，差点失控。

好在这支箭最终没能射中桓温，而是落在了桓温马前。但这可把桓温的将士们吓坏了，眼看就要往回跑。桓温寻思，那就跑吧，于是传令鸣锣收兵。可是鼓吏却忙中出错，本来该鸣锣的，却一时手滑变成了击鼓进军。结果，将士们抱着必死之心，一通奋战，竟然反败为胜了。

这让桓温以为老天都站在他这一边，不会让他轻易失败，不禁有些飘飘然。于是，他加快了扩大自己势力的步伐，立刻在自己管辖下的八个州上招兵买马，与远在权力中心的豪门们渐行渐远。

四年后，北方后赵政权那个荒淫残暴、不得人心的皇帝石虎终于病死了。一时间，北方乱成了一锅粥。桓温再次意识到，这是北伐的绝好时机，于是又一次在刚刚呈上请战书之后，便大摇大摆地率领大军直接北上。

桓温这么做，其中的挑衅意味已经非常明显了。能征善战的桓温，在站稳脚跟后不是稳扎稳打，而是狂飙突进，一再挑战豪门与皇权联合执政的局面。那些豪门当然不会任由桓温这匹野马横冲直撞，于是，豪门和桓温开始拉锯，大戏开场了。

03
欲登龙椅

豪门们与桓温共有四场拉锯大战。

第一回合，也就是桓温第二次不等批准就上战场时，皇族的司马昱给桓温写了一封信。当时的皇帝司马聃年纪太小，司马昱奉命总理朝政，相当于皇家首席执政官。

他和桓温，之前有过一些交情。司马昱在信中先是夸了夸桓温的军事才能，然后说自己才能有限，没能保护好百姓，以至于连累桓温这位好朋友四处奔波，护卫江山。最后说国内还不太安定，不适合打仗，一旦打起来，说不定北方的前秦政权就要趁火打劫。

桓温见他说得有点道理，就给了这个曾经很欣赏自己的皇家执政官一个面子，退兵了。豪门们一见桓温服软，就立刻让殷浩代替桓温北伐。

然而殷浩侃大山是一把好手，打仗却比武将桓温差远了。豪门们几乎倾尽全国的物资、人力，送殷浩去战场上争面子，但殷浩还是一败再败。桓温冷眼看着这帮豪门瞎折腾，最后轻而易举地把殷浩弹劾下台。这一回合，豪门完败，桓温大胜。

第二回合，殷浩北伐失败后，豪门只好把北伐大事交给桓温。桓温第一次北伐后，一次又一次上书要求迁都洛阳。但豪门们在江南已经经营多年，而洛阳呢，别说破败不堪，最主要的是，桓温已经在那里小有势力。豪门们不傻，于是集体拒绝。

迁都不是小事，豪门们拒不配合，桓温也没有办法，只好认输。

第三回合，桓温又北伐了两次。虽然没打什么胜仗，但是却借着打仗的由头，调配对自己有利的资源，任命忠于自己的官吏，不遗余力地扩大自己的势力范围。更让人震惊的是，桓温竟然把自己战败的责任硬安在豫州刺史袁真身上，逼得袁真在军事重镇寿春造反了。

桓温赶紧派人平定了叛乱，然后把这巴掌大的功劳吹上了天。借着这点功劳，他竟然一脚踢开皇宫的大门，迫使当时的皇帝司马奕退位，再把前面那个写信给他，对他一直还算可以的司马昱扶上了宝座。这一回合，豪门们还没来得及反击，就被硬生生换了合作伙伴。不仅如此，桓温还逼迫皇族司马晃承认，他和四大豪门之一的庾家合谋造反，硬是废了皇族不少人，把庾家几乎灭族。

这一回合，豪门被桓温打得头破血流，连豪门中最厉害的谢安，老远见了桓温都得行礼，行的还是君臣之礼。

第四回合，桓温要求朝廷赐他九锡。废立皇帝，索要九锡，接下来就是强行要求皇帝退位，让出天下给他了。哪一个谋权篡位的人不是走了这条路？豪门们知道，不给桓温九锡，是阻止桓温坐上龙椅的最后一次机会了。

天赐良机，桓温病了。于是，辅臣谢安与王坦之假装自己也得了病——拖延症。说什么锡文写得不好，配不上伟大的桓温，得改。拖来拖去，把桓温拖上了黄泉路。至此，一代枭雄郁郁而终。

桓温的自负和野心，没有让他得偿所愿，反倒让豪门们对桓氏家族更加忌惮。三十年后，桓温的儿子桓玄，非但没有吸取桓温的教训，反而变本加厉，篡位称帝。

然而，仅仅三年，桓玄就被杀死。费尽九牛二虎之力才跻身四大豪门之一的桓氏一族，从此被淹没在历史的洪流中。

法显：西天取经第一人

  又沙门法显，慨律藏不具，自长安游天竺。历三十余国，随有经律之处，学其书语，译而写之。十年，乃于南海师子国，随商人泛舟东下。昼夜昏迷，将二百日。乃至青州长广郡不其劳山，南下乃出海焉。是岁，神瑞二年也。法显所迳诸国，传记之，今行于世。其所得律，通译未能尽正。至江南，更与天竺禅师跋陀罗辩定之，谓之《僧祇律》，大备于前，为今沙门所持受。

——《魏书·释老志》

  说起西天取经，很多人第一个想到的就是唐代的玄奘。但其实，在早于他两百多年的东晋，就有僧人成功西行。他，就是我国西行取经的先驱者——高僧法显。

01
乱世无法，心中有法

法显出生于山西，上有三个哥哥，都不幸早夭。父亲害怕法显无法平安长大，于是让他三岁剃度，成为小沙弥，寄在佛祖名下。但疾病没有放过他，一次，他病重将死，父母束手无策，怀着最后一丝希望将他送回寺院。

或许真的是与佛有缘，法显存活下来了，他十分喜欢寺院的生活，没有还俗之心。寺院虽简陋，但佛法在他心中慢慢升腾，使他内心充满着平安喜乐。

但外来尘世的喧嚣，打破了他宁静的修行。当时，北方大地杀戮四起，惨烈的乱世，宛如人间地狱。一天，法显和同伴正收割庄稼，突然一群难民冲出，饿狼似的抢夺这些粮食。沙弥们惊慌失措，纷纷逃走，唯独法显留了下来。

他看着难民疯狂抢食，难掩心中悲悯之情："佛家慈悲，粮食你们可以随便拿。但你们今世遭如此贫困，是前世不施舍行善而得到的惩罚。如果再行抢劫之恶行，来世的遭遇只会更坏。"也许是被法显的言语打动，也许是法显的法相足够虔诚，难民们最终放下了抢来的粮食，默然离去。

因果报应，是一个简单的佛家理论，但却能让人们摒弃恶念，选择善念。若能唤起人心中的善念，纵然是暴民匪徒，也能让他们悬崖勒马。法显感受到了佛法神奇的力量。或许就是从这一刻开始，普度众生的念头在他心中生根发芽。

二十岁时，法显接受具足戒，正式成为比丘僧人。寺院的生活规律而枯燥，法显的内心精神世界却十分富足。他严格遵行佛家的戒律，视之为至高无上的生活内容。多年严谨的修行生活，也让法显成为一个心志坚毅的虔诚僧人。在青灯古佛的陪伴下，法显潜心修行，数十年如一日。虔诚的信仰与执着的信念，已成为他心中最为坚实的力量。

02
佛律残缺，西行求经

法显心中有净土，人间却没有乐土。公元4世纪，是中国历史上最为苦难多舛的时期。来自草原的游牧民族在长江以北纷纷立国称帝，战乱席卷着北方大地，百姓生灵涂炭，流离失所。

摆不脱的贫穷困苦、逃不掉的死亡阴影，让人们无法从现实中看到光明和希望。佛法的出现，正好填补了他们内心世界的空虚。前秦统治者苻坚倡导佛学，在他的大力支持下，高僧道安在长安开始讲学，弘扬佛法。信奉佛教的人越来越多，一时间，长安成为北方的佛教中心。

不论是佛经，还是宗教氛围浓厚的长安，都让法显心生向往。他踏出故土，奔向了长安。访高僧、习佛经，法显孜孜不倦,乐在其中。法显行为严谨、思想深湛,有"志行明敏,仪轨整肃"之誉。

信奉佛法的人越来越多,但随着佛教信徒的增多,僧侣们又陷入了混乱。原来,从印度传来的戒律并不齐全,再加上翻译的曲解,对律藏的误读层出不穷。法显也时常感慨律法的缺失,他的心中充满了疑问。

佛祖所说的律藏在哪里?完整的戒律又是什么?我辈僧人,该遵循何样的方式修行?疑问越多,他越是渴望有一套系统完整的清规戒律。道安法师虽然极力完善,也无法改变越来越混乱的局面。

争议日盛,分歧日多。有的人信奉小乘佛法,追求个人解脱。有的人坚持大乘佛法,倡导普度众生。法显选择了后者。他默默立下宏誓大愿——弘法扬道,整肃佛律。经书由天竺而来,我辈与其坐等律藏东传,不如自己前往天竺去取。他决定:前往佛法的发源地天竺,寻求最完整的佛家律法。

03
经行万里,终至圣域

公元399年,已逾花甲的法显离开长安,与志同道合的僧侣一起,义无反顾地踏上了艰险的取经之路。他们西出玉门关,来到了广袤的西域大地。穿越白龙堆沙漠，攀越雪域高原，见到了楼兰遗迹，横穿塔克拉玛干沙漠，他们来到终年冰雪覆盖的葱岭。

葱岭的山谷，是丝绸之路上最负盛名的强盗乐园。或许是因为他们是穷苦寒酸的行脚僧，贪婪的盗贼没有光顾。但一个更大的危机，又出现在他们眼前。"山上无论冬夏，都大雪纷扬，而且还有毒龙（雪崩），若违背了其意志，毒龙就会喷出毒风、雨雪、飞沙砾石。"一行人不敢停下脚步，艰难跋涉，终于穿过了可怕的葱岭，来到了佛国圣地——天竺。

他们先是来到了佛法兴盛的北印度。但这里的律法，就是由当地法师口口相传，并无成文经律可供抄写。法显决定进入佛法的发源地——中印度地区。但有的同伴认为目标已达，决定返回汉地；有的先行一步，往别处求法。法显的身边，只剩下慧景和道整。

祸不单行，三人翻越小雪山时，寒风骤起，大病初愈的慧景不支倒地。临死前，慧景告诉法显："吾其死矣。卿可前去，勿得俱殒。"向来刚强的法显，第一次落下泪来。他和道整带着悲痛的心情前行，终于抵达了中印度。

如果说北印度之行打开了法显佛国世界的一扇窗户，那么中印度之旅，就是向他敞开了佛国世界的大门。法显就像久旱的禾苗，畅饮着佛祖洒下的甘露。他一路参拜，来到佛祖释迦牟尼的出生地——迦毗罗卫城。可他失望地发现，佛祖荣光不复存在，佛祖的故乡也没有完整的戒律。

怅然若失的法显,抱着最后一线希望,南渡恒河,来到印度最为宏大的城市——巴连弗邑。在大乘寺,法显终于找到了梦寐以求的经书律法。法显一边学习梵语,一边潜心抄经。费时三年,法显总算将经书全部抄写完毕。

但此时法显唯一的同伴道整,却决定长留此地,法显带着感慨离开,"显同旅十余,或留或亡,顾影唯己,常怀悲慨"。

04
携律东归,著书传世

法显从客商处得知在遥远南方的港口,有商船直达中土。法显一路南下,探寻回国的海路,途经师子国时,发现了许多珍贵的戒律典籍。耗时两年,他终于抄完这些经书。

十数年的艰难求法之旅,他感到戒律经典已十分完整。一次,法显见到一位商人用中国的白绢团扇供佛,久久伫立,不禁潸然泪下。佛法业已求到,是时候回家了!

碧波万顷的印度洋上,法显携真经,乘船东行。海上天气变幻莫测,一路驶来惊险万分。

最危险的事情,发生在一个漆黑的深夜。暴风雨突然袭来,船在惊涛骇浪中穿行,随时有倾覆的危险。惊恐万分的婆罗门商人聚在一起,视法显为异教徒,是灾难之源。他们想野蛮地将他抛下海，用作祭祀的供品。

法显明白大难临头，他早将生死置之度外，唯一放心不下的是经书。生死关头，一位虔诚的中土客商挺身而出：中国的国王尊奉佛法，敬重僧人，你们这样做，国王是不会饶恕你们的。客商们踌躇不敢下手，法显侥幸逃过一劫。

海船抵达中土，在青州的长广郡登陆。为了能更好地弘扬佛法，他放弃回到长安，而是来到最新的佛教中心建康。在建康，暮年老矣的法显一边翻译着浩如烟海的佛经，一边不忘给年轻弟子讲经说法，他在跟死神争夺时间。

整整两年的呕心沥血，法显译出经书百余万字。尤其是翻译的《摩诃僧祇律》《长阿含经》，对后世影响深远。法显回顾西行之路，又写下了《佛国记》（又名《法显传》）。他详尽地书写西行游历的见闻，虔诚之心尽在其中。他一生追随佛的脚步，从未有片刻的懈怠。

劳累半生，这位八十多岁的老人在荆州辛寺溘然长逝。三岁踏入佛门，二十岁成为比丘，数十年来潜心修佛，身体力行，苦学梵语，翻译佛经。可以说，法显把毕生精力，都奉献给了自己的信仰。

鸠摩罗什：身如污泥，心向莲花

> 罗什从师受经，日诵千偈，偈有三十二字，凡三万二千言，义亦自通。年十二，其母携到沙勒，国王甚重之，遂停沙勒一年。博览五明诸论及阴阳星算，莫不必尽，妙达吉凶，言若符契。为性率达，不拘小检，修行者颇共疑之。然罗什自得于心，未尝介意，专以大乘为化，诸学者皆共师焉。年二十，龟兹王迎之还国，广说诸经，四远学徒莫之能抗。
>
> ——《晋书·鸠摩罗什传》

英国历史学家汤因比曾经被问道："如果有来生，你愿意出生在哪儿？"他说："我愿意出生在两千年前新疆那个多民族文化交汇的龟兹。"龟兹，古代西域大国之一，也是西域的政治文化中心。曾经的辉煌逐步被战火所退去，最终沦为被遗忘的古代地名。

历史的风沙虽淹没了城池，但龟兹的文化一直存在。龟兹乐、克孜尔千佛洞、苏巴什遗址……这些都是它曾经繁荣的证明。龟兹，更是为世界孕育了一位伟大的僧人——鸠摩罗什。他是西域各国的珍宝，是中国佛教八宗之祖，更是最接近佛陀的智者。

01
天生传奇，出身显赫

鸠摩罗什，中文翻译叫童寿，天竺人。他家世显赫，祖上皆为名门，且都是文化精英。父亲鸠摩罗炎，长得英俊潇洒，而且聪明、道德高尚，当时受到很多人敬仰。据说鸠摩罗炎在要继承相位的时候，偷偷离开了自己的国家。龟兹国国王听说鸠摩罗炎此举，很是欣赏他的品行，后来鸠摩罗炎来到龟兹时他亲自去郊外迎接，并请他做国师。

龟兹王有个妹妹叫耆婆，刚满二十岁，美丽又聪慧。她有过目不忘的能力，只要是她听过、看到的，都能一字不差地背诵出来。据说，在她的身上有一颗红色的痣，预示她会生下一个非常聪慧的儿子。当时，周边很多国家的王公贵族都想迎娶耆婆，但她全都看不上，直到遇见鸠摩罗炎。

鸠摩罗炎帅气的外表、优雅的谈吐，让耆婆对他一见倾心。可是当时鸠摩罗炎对儿女情长并没有兴趣，据史料记载，鸠摩罗炎最后在耆婆和国王的逼迫下才不得不迎娶耆婆。

婚后，两人很快便有了孩子。据《高僧传》记载，耆婆怀孕后感觉到这个孩子让自己获得了超能力。她不仅悟性有了突破，而且居然无师自通会说天竺语言，更奇怪的是，生下孩子后便不会说了。

当时雀离大寺高僧们都断定，这个即将出生的孩子必定不同凡响。修得罗汉果的达摩瞿沙对耆婆说："你怀的一定是一个智慧无比的孩子。"后来瞿沙又给她讲了舍利弗（佛陀十大弟子之一，以智慧第一著称）的故事，暗示耆婆肚子里的孩子是一个天生的佛家种子，同时也暗示耆婆出家。

耆婆生下鸠摩罗什不久后想落发出家，但奈何丈夫鸠摩罗炎不答应。生下第二个儿子后，耆婆出家的念头更甚，后来甚至发下重誓：若不落发，不咽饮食。丈夫和哥哥自然不同意，耆婆果然绝食抵抗，一直坚持了六天。

鸠摩罗炎害怕耆婆出事，最后被迫答应。当耆婆落发后，她才开始进食。落发第二天，就有高僧来给耆婆受戒，从此，耆婆皈依佛门，一心向佛。

02
随母游学，奉为神俊

正是因为受母亲的影响，鸠摩罗什从小接受佛法熏陶，在他七岁的时候跟随母亲出家了。龟兹国虽有着浓厚的佛教信仰氛围，但是像耆婆和鸠摩罗什这样，母子一块出家的还真是绝无仅有，在龟兹国引起巨大轰动。

耆婆和鸠摩罗什放弃锦衣玉食、荣华富贵，与青灯古佛相伴，这份精神更是感染了龟兹国臣民，他们对这对母子愈发敬重,每日送去丰富的供奉。耆婆担心鸠摩罗什会受俗世金钱影响,于是决定远走他乡,带着九岁的鸠摩罗什去罽宾(今天克什米尔地区,在佛教历史上,具有非常重要的地位)求法。

从龟兹到罽宾,路途遥远,且充满危险,但这些都无法阻挡耆婆带着鸠摩罗什去学习的决心,那里是鸠摩罗什学习小乘佛法的地方。

鸠摩罗什从小便显示出过人的聪慧,据说能日诵读千偈。每个偈有三十二字,一千个偈就是三万两千个字,七岁孩子每天能诵三万两千字的文章,实乃神童。

来到罽宾跟随盘头达多学习过程中,鸠摩罗什更是显示出自己超人的智慧。他的名声很快传进罽宾王宫中,于是国王邀请他前来讨论佛法,顺便试探下他是否如传闻中那般神俊。而那场论战,让鸠摩罗什更加声名远播,许多得道高僧和学者都被其深深折服。

"声满葱左,誉宣海外","诸国皆聘以为重器",罽宾求学,奠定了鸠摩罗什一生佛学修养的基础。

03
改学大乘,普度众生

在罽宾学习两年后,鸠摩罗什已经无法学习到新知识。学问上得不到长进，再加上优越的生活，耆婆担心鸠摩罗什会就此满足，不思进取，因此决定返回龟兹国。十二岁的鸠摩罗什跟随母亲踏上了返程之路，一路上也顺道去他国求取新的书籍。

对于鸠摩罗什的人生，人们有过两次重要预言。一次是上文中我们提到的，达摩瞿沙认为他未来会成长为像舍利弗一样伟大的高僧，而另一次就发生在返回龟兹的途中。有一位罗汉对耆婆说："如果这孩子在三十五岁前不破戒，将会成为与阿育王时期的优波掘多一样的大师，大兴佛法，普度众生。如果破了戒，那他这辈子也就只能是个普通的法师而已。"

仅仅两个预言，就决定了罗什的一生。或许很多人都觉得这预言不可信，罗什怎么会破戒，他是那么优秀、自律、坚守信仰的人，而且破的还是色戒。

也许这就是命吧，也许是佛祖对他的历练。在他们返程途经疏勒国时，罗什迎来了一生中命运的转折点。他开始从学习小乘佛法转向学习大乘佛法。

乘，原指运载工具，在佛教中比喻用佛法普度众生，就像车载人到达目的地一样。小乘佛法，强调度己，人想要解脱必须要出家，出家后不事生产，也无后代。大乘，强调度他人，无须出家，你只要膜拜诵佛，便能成佛，普度众生。

在学习大乘佛法之后，结合这些年求学路途中所见的战乱景象带给自己的启发，罗什觉得大乘佛法更适合自己，并从此确定了自己一生的志向：普度众生。我不入地狱，谁入地狱？地狱不空，誓不成佛。

04
受困凉州，被逼破戒

回到龟兹国后，鸠摩罗什二十岁时，龟兹国王准备了一场盛大的法会，让罗什与名满西域的一位高僧辩论佛法。龟兹王的目的，是希望给鸠摩罗什彰显能力的机会，一旦他胜利，龟兹在西域的宗教地位将不可撼动。而这位对手，则是鸠摩罗什曾经的老师盘头达多。

这场辩论，持续了整整一个月，最终鸠摩罗什胜出，被龟兹王奉为国师。之后每逢盛大法会，各国国王都过来聆听，为了表达自己的敬意，他们甚至跪在地上，让鸠摩罗什踩着他们的膝盖登上宝座。

在龟兹国传法二十年，鸠摩罗什名气越来越大，甚至享誉遥远的中原地区。而此时中原地区，正处于东晋十六国时期，也是中国历史上最混乱的时期。鸠摩罗什与母亲外出求学时，龟兹已经臣服于当时中原北方政权前凉（东晋十六国之一）。

后来，苻坚所建立的前秦政权消灭了前凉。当时西域诸国听说苻坚消灭前凉后纷纷派使者到长安进行朝拜，只有两个国家没有派人前来，那就是龟兹和焉耆。

苻坚建立政权后，一直想统一西域，而此时这两个小国无疑是在向他挑衅，于是苻坚决心灭掉它们。在前秦没有消灭前凉政权之前，曾有人对苻坚说："有星见外国分野，当有大智人入辅中国。"

苻坚说道："朕闻西域有鸠摩罗什，深解法相，善闲阴阳，为后学之宗。难道是他？"当时苻坚已得当世著名高僧道安的辅佐，但他觉得还不够，希望能再得到鸠摩罗什，于是出兵西域的念头越来越强烈。

公元383年，苻坚派遣吕光攻打西域，在出征之前嘱咐吕光一定要将鸠摩罗什安全送到长安。

吕光收服西域诸国之后，便立马将鸠摩罗什抓去。此时的鸠摩罗什刚满四十，虽人到中年，但依旧俊朗不凡。

据传，吕光见之，想把龟兹王的女儿嫁给罗什，罗什抵死不从。吕光见罗什不妥协，逼迫他喝下美酒（据说酒里被下药），在罗什神志不清的情况下把他同龟兹王女儿关在一起。鸠摩罗什终于应了二十多年前的那个预言，破戒了，最后迫不得已同他的表妹结婚。

关于鸠摩罗什的记载，正史内容少之又少，他当时是怀着怎样的心情接受娶亲，我们不得而知。一代高僧，居然被破色戒，被逼娶亲，这是奇耻大辱。如果换作一般人，可能会一死了之，但罗什不能，因为他的使命没有完成，那就是弘扬佛法，解救天下苍生脱离苦海。

因此，他忍下所有耻辱。在吕光征战西域的时候，苻坚在与东晋政权交战，后兵败被杀。次年，吕光正式在姑臧建立地方政权，史称后凉。

吕光父子无心宣扬佛教，只是把鸠摩罗什当成了阴阳先生，平时只是向他问吉凶。鸠摩罗什之所以懂占卜，只因为他年轻时除熟读经书外，还研读语言学、工艺、技术、医学、历算学、逻辑学、星象等多门学问，是历史上的超级学霸。

公元385年至401年，鸠摩罗什一直被吕光软禁。在此期间，他学习汉语，了解中原文化。这段时间他在佛法上虽没有任何成就，但这十七年时间的积累与学习为他日后成为一代佛经翻译大师奠定了基础。

当初希望得到鸠摩罗什辅佐的苻坚早已成为刀下亡魂，而真正求取他的人也终于来到了长安，这个人就是后秦国王姚兴。那一年罗什五十八岁。

05

人生坎坷，初心不改

佛教大约是在公元前1世纪从印度传到西域，之后随着商旅们在丝绸之路上的往来，这一信仰逐渐扩大到其他区域，并开始向中原渗透。

魏晋南北朝时期，中原地区虽开凿了很多佛教石窟，但僧人们学习的佛教经典还是相当有限的，尤其是翻译上乘的经书。这时候，鸠摩罗什开启了他伟大的翻译事业。

姚兴尚佛，他以国师之礼节对待鸠摩罗什，知道他想要翻译经书，专门安置了一个庭院供他翻译经文，还选名僧八百余人为其助译。姚兴不但为罗什译经提供种种方便，有时还亲自参与翻译。

鸠摩罗什在姚兴的支持下，终于实现了自己普度众生的理想，但因为他之前破过戒，最终无法成为像佛陀一样的大师。据说，除吕光逼迫那次之外，鸠摩罗什还破过两次戒，而且是在到达长安之后，但第二次、第三次则显得十分荒唐。

据《晋书》记载，有一天罗什在给上千人讲经，突然他对姚兴说道："有二小儿登吾肩膀，欲鄣须妇人。"意思就是自己需要女人。于是姚兴立马安排了一个宫女，据说这个宫女很快生下了两个孩子。鸠摩罗什这一做法引起了姚兴的注意，没过多久姚兴又招来了十名美女送给他。这两次破戒确实让人匪夷所思，不敢相信。

不过最令人瞠目结舌的是，《晋书》记载的这件事：罗什被逼娶妻后，众僧人纷纷学他娶妻。为避免社会风气遭到影响，鸠摩罗什在钵盂中放满了绣花针，他召集僧人说道："如果能和我一样，将这些针都吃掉，你们就可以娶妻。"他当着众人的面，将那些针一口一口吃掉，如同吃饭一般全部咽下，且安然无事。

此后再也无人敢娶妻。

《晋书》记载是否属实后人已无法判断，尤其在东晋十六国那般混乱的历史时期，历史都是由胜利者书写的，所以许多官方史书内容也不能全信。而据《高僧传》记载，鸠摩罗什后来只破戒一次，是被姚兴逼迫，姚兴希望他能留下后代，因此送去十名美女。鸠摩罗什到底有无破戒这已经不重要了，重要的是他翻译的那一部部经书，以及对东亚佛教文化做出的贡献。

在姚兴支持下的那几年，罗什与弟子译成了《大品般若经》《法华经》《维摩诘所说经》《金刚经》等多部经书。总计翻译经律论传九十四部、四百二十五卷。其译经和佛学成就前无古人，后无来者。

身如污泥，却心向莲花。译经十二年，鸠摩罗什七十岁的时候在长安圆寂，临死之前他说道："若我所译经典，合乎佛意，愿我死后，荼毗（火化）时，舌根不坏。"据《高僧传》记载，鸠摩罗什圆寂火化了两个多小时，肉体已灰飞烟灭，唯有舌头不烂。从他身上，我们看到的不仅仅是一代佛学大师的风采，更看到了作为一个修行者始终如一的初心与对众生的关怀。

玄奘：虔诚真挚的朝圣者

> 大业末出家，博涉经论。尝谓翻译者多有讹谬，故就西域，广求异本以参验之。贞观初，随商人往游西域。玄奘既辩博出群，所在必为讲释论难，蕃人远近咸尊伏之。在西域十七年，经百余国，悉解其国之语，仍采其山川谣俗，土地所有，撰《西域记》十二卷。贞观十九年，归至京师。太宗见之，大悦，与之谈论。于是诏将梵本六百五十七部于弘福寺翻译……
> ——《旧唐书·僧玄奘传》

公元629年，一位大唐高僧决定西行天竺，求取真经。大漠雪山，他命悬一线；流沙风暴，他九死一生。怀着坚定的信念，他用双脚丈量了五万里，终于抵达心中的圣地——那烂陀寺。这位高僧名叫玄奘，也就是《西游记》中唐僧的原型。

玄奘用十七年时间，辗转一百一十个邦国，又用十九年时间，苦译一千三百三十五卷经书。他是一个虔诚真挚的朝圣者，也是一个追求真理的践行者。

01
誓游西方，以问所惑

玄奘，本名陈祎，家中排行第四，最为年幼。陈家是官宦世家，书香门第。受家风的熏陶，幼时的玄奘"珪璋特达，聪悟不群"，八岁时就已跟随父亲陈惠学习《孝经》等儒家典籍。

有一次，陈惠讲到"曾子避席"的故事，玄奘忽然整襟而起。陈惠不解，便问其故，玄奘回答说："曾子聆听老师教导时，往往正襟危坐，如今我接受父亲的教导，又怎敢随意安坐呢？"

陈惠听后，不由得对这个举一反三的孩子暗暗称奇。

如果不出意外，"备通经典，爱古尚贤"的玄奘很有可能通过科举考试，成为一位名留青史的名臣。但不幸的是，父亲陈惠早早离世，年幼的玄奘没有了依靠，只得投身洛阳净土寺，跟随早先出家的二哥长捷法师诵习经业。

公元612年，隋炀帝号令度僧，通过考试选拔二十七人出家为僧，参加考试的人有数百人之多。玄奘愿意出家为僧，但"习近业微，不蒙比预"，没有资格去考试，只能在考场外观望。

恰巧，观望的玄奘被主考官大理寺卿郑善果看见了。

郑善果问玄奘："你为何想出家啊？"年仅十岁的玄奘脱口而出道："意欲远绍如来，近光遗法。"郑善果非常惊叹玄奘的志气，便破格录取了他。郑善果向同僚们说："诵经礼佛容易，保持风骨很难,这个小子将来一定会成为一代高僧大德,只可惜我们是看不到喽。"就这样,玄奘在净土寺出家为僧,踏上了学习佛法的道路。

玄奘不仅苦学佛法,还博学众长,云游四海,遍访高僧。通过众多高僧的指授,玄奘对"大小乘经论""南北地论""摄论学说"等均有颇深的见地。至此,他闻名吴蜀荆楚等地,与二哥长捷法师被世人称为"陈门二骥"。

玄奘在学习的过程中非常善于总结,他"备飡其说,详考其理",发现佛法的译著存在很大问题,很多典籍翻译模糊不清,而且存在分歧,"验之圣典,亦隐显有异"。这让玄奘"莫知适从",很是困惑。

公元626年,玄奘结束了游学生涯,回到长安。在长安,他遇到了一位名叫波颇的天竺高僧。从波颇身上,玄奘感受到了天竺佛学的智慧,也得知天竺那烂陀寺有一个叫戒贤的佛学大师有可能解答他心中的疑惑。于是,玄奘便将眼光望向了天竺,誓游西方,以问所惑。

02

宁可西行而死,不可东归而生

为了西行,玄奘召集了一批志同道合的僧人,上书大唐朝廷请求西行。因为当时唐朝"国政尚新,疆场未远,禁约百姓不许出蕃",于是玄奘的请求遭到了拒绝。

但老天或许感受到了玄奘的执念,一场突如其来的霜灾,使得长安城发生了饥荒。迫于饥荒,朝廷允许百姓外出讨生活。玄奘决定趁机"冒越宪章,私往天竺",就此离开了长安,踏上了西行之路。

《西游记》里的唐僧西天取经虽经历九九八十一难,但他有三个法力高强的徒弟保护,而玄奘则只能依靠自己,随时都有意外发生。在沙漠中,玄奘不小心打翻了水袋,陷入了绝境。但他凭着"宁可西行而死,不可东归而生"的信念,将生死置之度外,在四天五夜滴水未进的情况下,走出了沙漠。

不过,西行路上最危险的并不是艰苦的环境,而是叵测的人心。玄奘在途经瓜州时,收了胡人石磐陀为徒,这个石磐陀便是孙悟空的原型。不过,石磐陀并没有孙悟空那份忠心。在师徒二人离开玉门关不久,石磐陀担心自己被偷渡的玄奘连累,便对玄奘起了杀心,于是他"露刃张弓",逼迫玄奘原路返回。即使面对死亡的威胁,玄奘也没有顺从,只让石磐陀自己返回,并许诺他"纵使切割此身如微尘者,终不相引",随后又孤身一人踏上了西行之路。

公元632年,历经千辛万苦的玄奘,终于到达了他梦寐以求的地方——那烂陀寺。玄奘到达那烂陀寺后,受到了热烈的欢迎。但玄奘并没有忘记自己的使命,鲜花掌声过后,他勤奋学习，如鱼得水，佛法造诣日益精深。

当时，戒贤法师年事已高，本不想再讲学了，但看到玄奘特地从遥远的大唐来那烂陀寺学习，备受感动，于是特为玄奘讲了《瑜伽师地论》这部经书。而讲完这部经书，前前后后就用了一年零三个月。

时间一天天流逝，转瞬间，已来到了公元641年。这一年，学成的玄奘准备归国。不过在归国之前，天竺戒日王朝的国王决定以玄奘为论主，召开佛学辩论大会，这也是印度历史上规模最大的一次讲经辩论会。除了戒日国王，到场者还有十八位国王、僧人三千余人、印度教以及其他教派的大德两千余人，那烂陀寺也派来了一千多位僧人。

当时玄奘讲论，任人问难，但无一人能予诘难，一时名震天竺，并被大乘尊为"大乘天"，被小乘尊为"解脱天"。最后，玄奘带着胜利，更带着对佛学的感悟回到了大唐。

03
国宝丧，天地悲

离去时的玄奘风华正茂，归来时的玄奘老成持重。当他再次踏入长安城的故土时，已经是公元645年了。这距离他离开的那天，已经过去了整整十七个春秋。

归国的玄奘受到了唐太宗的接待，并得到了高度评价："朕观法师词论典雅，风节高尚，不仅丝毫不输于古代的高僧大德，反而犹有过之。"

唐太宗"又察法师堪公辅之寄"，便让玄奘弃缁还俗。但玄奘婉言拒绝说："我从小就向往佛门，对于做官理政这方面的事，是一窍不通的。您让我入仕做官，可是难为我了，我不仅做不好，而且还容易坏了大事啊。所以，我愿意毕生行道，以报国恩。"

然而，德高望重又见多识广的玄奘，正是唐太宗建设大唐王朝所需要的力量，所以唐太宗仍不放弃，常常"逼劝归俗，致之左右，共谋朝政"。

不过，玄奘心中有自己的追求，那就是翻译从天竺带回来的佛经。公元648年，玄奘将译好的《瑜伽师地论》呈给太宗，并请唐太宗作序。唐太宗通览这部长达百卷的佛教经典后，亲自撰写了七百多字的《大唐三藏圣教序》，盛赞："玄奘法师者，法门之领袖也；仙露明珠，讵能方其朗润。"

可以说，归国的玄奘将自己的全部心血都投入到了翻译佛经中，这一译，就译了十九年。译经讲法之余，玄奘还口授、由弟子辩机执笔完成了著名的《大唐西域记》一书，全面记载了他游学异国的所见所闻。这就是吴承恩《西游记》的创作源泉。

公元664年，六十三岁的玄奘大师依然工作在翻译佛经的第一线。但由于多年劳累，在翻译完《大般若经》后，他就觉体力衰竭，甚至觉得自己行将就木。所以，他对助手和弟子们说："我恐怕会死在这里啊，但一看到翻译经书的浩大工程，每每担心不能够完成，留下遗憾，所以拜托大家一定要努力相助，勿辞劳苦。"

在玄奘大师的一生中，这是他第一次发出这种不自信的担忧之辞。不久，他又对弟子们说："我的死期怕是将近了，再也没有精力翻译经书了。"从此绝笔翻译，至二月五日夜半圆寂。

玄奘圆寂的消息传到朝廷，举国悲悼，唐高宗哀叹："朕失国宝矣！"甚至为了玄奘大师而罢朝数日。十七年的求真生涯，十九年的译经弘法，玄奘终于求得正果，安然地去了自己一生所向往的弥勒净土。

一入沙门，便舍身求法，为寻真理，度芸芸众生，这便是玄奘的一生。他的人生始终脚踏实地，向善向上。梁启超先生曾盛赞其为"千古第一人"。光阴荏苒，佛经仍在吟诵，而玄奘早已化身舍利，佑护万民。纵观玄奘一生，不紧不慢六十余载，"远绍如来，近光遗法"正是他为自己写下的最好注脚。

第五章 名人典故

伍举：楚材晋用

> 伍举奔郑，将遂奔晋。声子将如晋，遇之于郑郊，班荆相与食，而言复故。声子曰："子行也！吾必复子。"及宋向戌将平晋、楚，声子通使于晋。还如楚，令尹子木与之语，问晋故焉。且曰："晋大夫与楚孰贤？"对曰："晋卿不如楚，其大夫则贤，皆卿材也。如杞、梓、皮革，自楚往也。虽楚有材，晋实用之。"
>
> ——《左传·襄公二十六年》

有诗写道："楚材称晋用，秦臣即赵冠。"其中引用的"楚材晋用"，指的是楚国的人才，被晋国重用。比喻本国不重视人才的培育发展，导致人才外流到别的国家工作。

在春秋时期，有这样一位贤臣，他虽然蒙受冤屈，却心系故土，几经辗转而归国。之后，他与君王尽释前嫌，共创伟业，助国君成为"春秋五霸"之一。他被尊为"史上第一位廉吏上大夫"，成为后世臣子的楷模。他就是楚国丞相——伍举。

01
名重身正，颇得敬重

伍举，出身于楚国名门，后被封于椒地，因此有史书称呼他为"椒举"。

伍氏家族世代忠勇、能人辈出，父亲伍参骁勇善战，名将伍子胥就是伍举的孙子。不凡的出身、良好的教育使伍举自小就以"忠信"为立身之本。加上他天资聪明、力大无穷，年纪轻轻便凭借真才实学通过武考文试，夺魁待封。

一时间，伍举可谓风头无两。谁知，他的岳父申公犯法逃遁，连累伍举断送了大好前程。究其原因，是有奸臣嫉妒伍举的才能，向楚庄王进谗言："申公出逃，乃是叛国，若是没有他女婿伍举协助，怎么可能这么顺利呢？"

楚庄王原本对伍举寄予厚望，此事一出，愤怒就替代了期望。于是，他便下令抓捕伍举归案。伍举知道后也伤了心，他感叹君王糊涂，连问都不问，便草率定了自己的罪。在离开郢都后，伍举仰天慨叹："楚国已经留不得，也只能远离故土，到别的国家避祸。"

他一路北上，打算去晋国一展所长。途经郑国时，伍举遇到了奉命出使晋国的声子。他们是幼时好友，他乡遇故知，二人都高兴得不得了。声子不顾官服在身，与伍举共同拔下路边的荆草铺在地上。二人相对而坐，边吃着干粮边聊天。

伍举心中愤懑，便将自己的遭遇，一股脑地说了出来："我虽然逃亡至此，但并非所愿。楚国有先父的心血，他如果在世，也不愿意我为他国效力呀。"

声子本就钦佩伍家的忠贞，对伍举的遭遇非常同情。他也不愿"上马能擒敌，马下写军书"的好友为晋国所用，便拍着胸脯承诺：为了楚国，为了好友，一定尽快想办法，让伍举回国并得到重用。

02
心系故国，治世能臣

因记挂伍举归楚的事，声子完成出使任务后，专程从晋国赶到楚国。楚国的宰相子木问道："晋国大夫和楚国大夫比，哪个国家的更贤德些？"

要知道，大夫是一个国家承上启下的中间阶层。他们贤明与否，很大程度上决定着国家是否能长远发展。子木想知道晋国与楚国，哪边的大夫更贤明，是有着很深的思考的。

声子听罢暗暗松了一口气，只要楚国还需要人才，那么伍举的事情就可以操作。他赶忙回答说："晋国的宰相不如您贤德。"

子木一听很满意，心想，不管大夫贤不贤，他这个楚国的宰相还是更胜一筹的。可还没等他高兴完,声子又说:"但晋国的大夫却比楚国的贤德,都是像您这样的人才。"这下子木不高兴了:什么意思?晋国的五品大夫,都能和我这个宰相相比了吗?

声子见情绪到位了,就马上进言道:"晋国其实没有那么多人才,只不过是晋国国君开明,任用很多楚国过去的人才。"

那为什么楚国的人才都去了晋国呢?因为楚国朝中有奸臣,使得人才都被嫉贤妒能的小人逼到了晋国。而晋楚争霸多年以来,楚国一向败多胜少,皆因楚国人才为晋国出谋划策的缘故。

子木听了,慨叹道:"的确是这样。"

声子趁机以伍举之事举例:"我这次出使就遇上一个楚人,叫伍举。他虽逃难在外,却天天念叨自己是楚国人,而且是楚国的世代名门之后。可惜楚王罔顾伍家世代忠勇,任由佞臣构陷人才,每每说起都伤心不已。现在伍举也到了晋国,如果这样的人才也被晋国重用,那么楚国的祸患可就大了。"

子木越想越怕,就赶紧上书楚庄王,建议接回并任用伍举。楚庄王闻言,深觉愧疚,立即派人到晋国接回了伍举。君臣尽释前嫌,伍举也被封为了右司马。

伍举手握实权,却不自傲,始终秉持着父辈良好的家学传统,与官兵同食同寝。他还屯田练兵,不仅减轻了百姓的负担,还为国家节约了大笔军费开支。《伍氏宗谱》记载:"伍举公在中原管军管民,五年时间,民富兵强,仓廪充实。"楚庄王在伍举、子木等贤臣的辅佐下,使国家国力日盛。

03
正直忠贞，兴国谏王

伍举不仅是能臣，更是贤臣。他敢言直谏，不但说得楚庄王爱听，还让楚庄王虚心领受。

楚国国力强盛起来，楚庄王开始变得飘飘然。《韩非子》中记载，楚庄王整整三年不理朝政，也没有任何政绩。大臣们轮番苦劝，可谁的劝谏他也不听。伍举只好迎难而上，面见楚庄王。

当时，楚庄王正左拥右抱，喝着小酒，看到伍举来了，就摆出一副死皮赖脸的模样："伍大夫来了？是想喝酒呢，还是要看歌舞？"

"不喝酒也不看歌舞。"伍举平静地说道，"有人让我猜一个谜语，可我是从椒邑来的，不知道谜底是什么。大王是本地人，一定知道。我就来向您请教，保证问完就走。"

楚庄王好奇了，就问："什么谜语这么难猜？说说看。"

伍举说："在国都有一只大鸟，已经一动不动三年了，不飞也不叫，您说这大鸟悄悄咪咪干啥呢？"说完了，嘴一闭，摆出一副"臣十分困扰"的样子。

楚庄王立马明白了伍举的意思，笑着说："这鸟啊，我知道。它可不是普通的鸟，三年不飞，一飞冲天；三年不鸣，一鸣惊人。你等着瞧吧。"

伍举与楚庄王相视一笑，回话道："问大王果然是问对人了，臣告退。"

此后不久，楚庄王废除错政十项，启用优政令九项；诛杀奸臣五名，提拔隐士贤臣六名，使楚国日渐强大。始终兢兢业业的伍举，到了八十岁，还在主持开河围城、造田富民等事宜。

这时，楚国在位的，是楚庄王的孙子楚灵王。楚国国富民强，早已成为强国，楚灵王却失去了先祖们的奋斗精神，生活愈加奢华。他耗费巨资建起一座宽敞高大、富丽堂皇的"章华台"，还请伍举登台观景。

伍举以帝师的身份，严肃教训了楚灵王："你爷爷在世时，也造台榭。但小榭能够讲习军事就够了，小台能够观望气象吉凶也足矣。造台榭应该不占农田，不损耗国财，不干扰政务，不妨碍百姓，是要让百姓得到利益，而不是劳民伤财。因此，台榭不是帝王功绩，百姓吃饱饭才是帝王贤德。所以台榭之美，不及百姓面无饥色之美。如果你觉得奢侈高台该建，楚国总有一天会君民离心，离亡国也就不远了。"

伍举说完后跪呈辞职奏折，灵王当即痛哭流涕，表示一定悔改，还亲率重臣送伍举还乡。伍举拒绝了灵王赠送的黄金，回乡颐养天年。

楚庄王当年迎回伍举，使得自己很快成为春秋一霸。伍举投桃报李，兢兢业业辅佐了楚国四代君王。他不计个人得失，以百姓为重，深得爱戴。在临终前，他还将楚王封赏的金银全部上缴国库。

楚国百姓闻听伍举去世的消息后,无不望天跪拜,哭送这位爱民如子的贤大夫。伍举让君王信赖、百姓感念,拥有史上第一位"廉吏上大夫"的称号,实至名归。

重耳和介子推：足下

介子推从者怜之，乃悬书宫门曰："龙欲上天，五蛇为辅。龙已升云，四蛇各入其宇，一蛇独怨，终不见处所。"文公出，见其书，曰："此介子推也。吾方忧王室，未图其功。"使人召之，则亡。遂求所在，闻其入绵上山中，于是文公环绵上山中而封之，以为介推田，号曰介山，"以记吾过，且旌善人"。

——《史记·晋世家》

三十三岁的韩愈因仕途不顺闲居在家，百无聊赖下，他突然想到了已中进士却未入仕途的好友孟郊。同是天涯沦落人的遭遇，让韩愈感慨万分，于是提笔写下了《与孟东野书》。

韩愈在开篇写道："与足下别久矣，以吾心之思足下，知足下悬悬于吾也。"这一句"足下"，表达了他对好友深深的思念和尊重。

或许你会很奇怪：既然是要表达尊重，怎么能把对方称为"足下"呢？"足下"不就是脚下吗，这哪里有丝毫尊重之

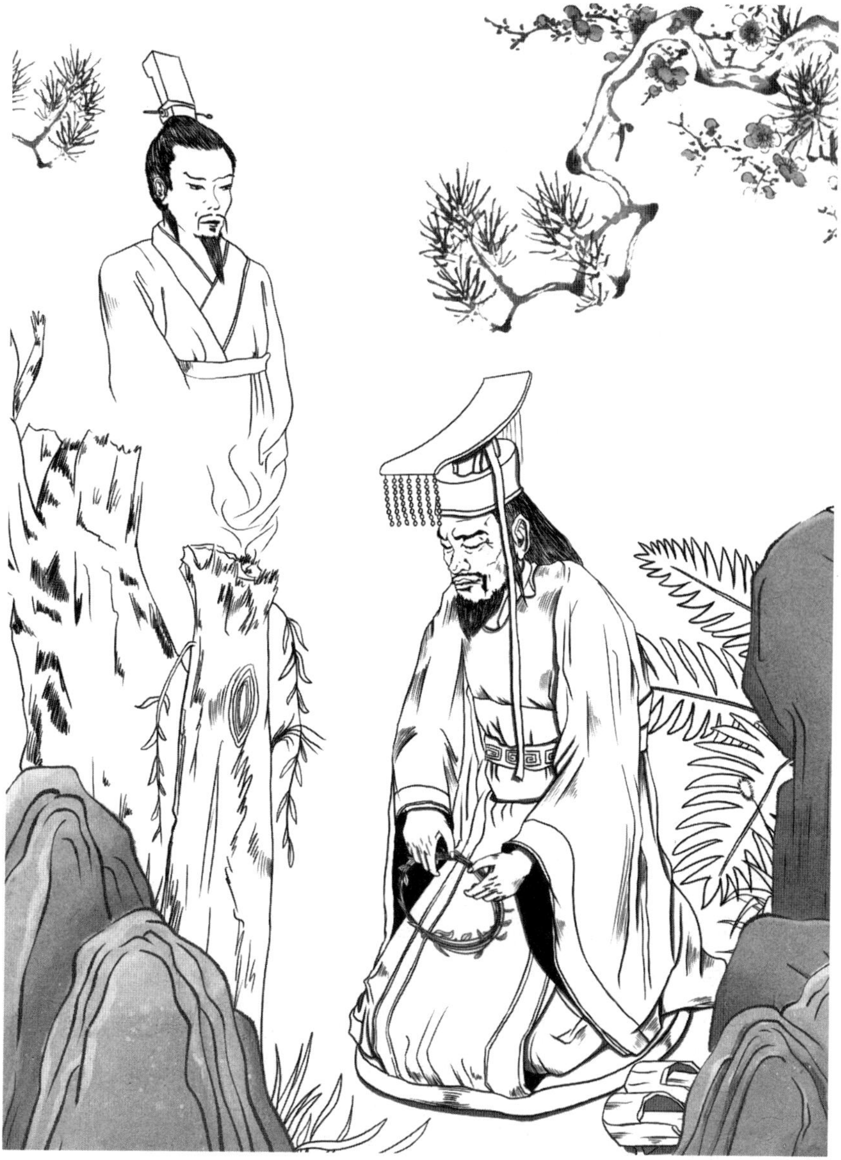

意呢?

这就要从"足下"这个词背后的故事说起了。

01
周旋列国,不避艰险

俗话说,最是无情帝王家。春秋时期的晋国历史,其实就是一部浓缩版的春秋史。各大家族之间上演着一幕幕钩心斗角的大戏。

晋献公时期,宠妃骊姬想要改立自己的儿子奚齐为太子。于是,她设计逼死太子申生,接着又开始诬陷晋献公另外的两个儿子重耳和夷吾。无奈之下,为了保命的重耳只能选择逃离晋国。

好在重耳自幼喜好结交贤士,所以在出逃的时候,有几位仁人志士决定追随他同去。其中有一人名叫介子推。虽然众人在逃亡路上勠力同心,但毕竟是逃亡,其中充满了许多未知的凶险。先是重耳的父亲派兵来追杀,后是重耳的兄弟派兵来追杀,堂堂一国公子,竟狼狈得犹如一只过街老鼠。

有一年,重耳一行逃到卫国,当时的卫文公迫于晋国的压力,没有给重耳一行任何好脸色,于是他们只好悻悻地离开卫国。屋漏偏逢连夜雨,在跟随重耳的一行人中,有一个名叫头须的仆人,他因为受不了苦,于是就偷光了重耳的干粮,一个人逃走了。

重耳无粮,饥饿难忍,只能向沿途的农夫讨要点吃的,但农夫们看到他那落魄的样子,想都没想就拒绝了。拒绝也就算了,这些人还嘲讽他,只见一个农夫随手就从地上拾起一块土,然后递给重耳说:"这个给你,拿去吃吧。"

正所谓虎落平阳被犬欺,但即便落了平阳,也终究是虎,依然有自己的骄傲。重耳见农夫无礼,不由得怒气勃发,随即便想提起拳头好好教训这农夫一顿。后来在随从们的劝谏下,他才渐渐消了气。

本就是四处逃命,如今又断了口粮,这让本就营养不良的重耳染上了风寒,而且病势凶险。这天,发着高烧的重耳在睡梦中喃喃呓语,他迷迷糊糊地呻吟道:"我……我想喝肉汤。"

巧妇难为无米之炊,一行人已经好几天连干粮都没得吃了,哪里还有肉给他熬汤呢?众人虽然忙作一团,但却无能为力。

这时,介子推想到了办法。为了让重耳喝上这一口"救命汤",介子推独自一人来到山沟里,忍痛把腿上的肉割了一大块下来,并与采摘来的野菜同煮成汤喂给重耳。

此时的重耳已是"三月不知肉味",一见到肉汤,不由得大喜,连忙端起碗,一口喝干。后来,当他得知自己喝下去的肉汤,居然是介子推腿上的肉熬的时,感动万分,不由得对天发誓道:"他日我若能成为晋国国君,必当重重报答介子推,天地为证,决不食言!"

介子推听了重耳的话，只是笑着说："我不求公子日后的报答，只求您关心百姓，做个清明的好国君，这就足够了。"

也许是介子推的忠诚感动了上天吧，喝下了肉汤后的重耳，竟恢复了往日的神采，一行人也得以继续前行。终于，在流亡十九年之后，重耳顺利返回晋国，登上大位，也就是历史上赫赫有名的晋文公。

02
辞不言禄，龙蛇作歌

重返晋国的重耳励精图治，重振晋国雄风，一跃而为霸主。与此同时，重耳也开始大封功臣，尤其是那些曾与自己患难与共、不离不弃的功臣。

可是很快，大家就发现了一个问题：晋文公几乎封遍了所有功臣，就连仇人都得到了封赏，可唯独没有当年"割股啖君"的介子推。

其实，这并非是晋文公忘恩负义，而是他尊重介子推的个人意愿。当初，重耳在秦军的护送下，即将渡过黄河回到晋国即位，跟随重耳一起逃亡的老臣狐偃突然对重耳说："我已经是一个没有用的老臣了，跟随您这么多年，也犯了不少错，现在您功成名就，也用不上我了，就让我告老还乡吧。"

重耳当然明白狐偃的忧虑，他知道对方是在提醒自己：不要忘恩负义，过河拆桥。于是，重耳当即把一块玉扔到黄河里，然后信誓旦旦说道："回国之后，如果我没有好好对待功臣，下场就如同这玉，请河伯明鉴！"

正当重耳在这边激情澎湃地发誓时，那边的介子推却淡淡说道："公子得国，本是天定，我们有什么功劳呢？即便有些许微劳，又怎能向国君邀功呢？我誓不向主公邀功！主公也不必封赏我！"因此当重耳大封功臣的时候，介子推选择了默默离开，隐居山野。

介子推的母亲对他这一行为很不解，便问他："你为什么不去请求赏赐呢？"介子推说道："我指责了那些邀功之人，反过来却要效法他们，那我的罪过就比他们还大了。而且我已经发誓决不要封赏了，又怎能食言？"

母亲继续说道："那你也应该让他们知道你的心思啊。"介子推笑道："但求心安，又何必多做解释呢？"就这样，母子二人真就隐居于深山之中了。介子推的朋友为介子推不平，写了一首"龙蛇歌"挂在了城门之上：

有龙矫矫，顷失其所，五蛇从之，周遍天下。
龙饥无食，一蛇割股，龙返其渊，安其壤土。
四蛇入穴，皆有处所，一蛇无穴，号于中野。

03
功名深藏,虽死犹生

后来,这首歌传入重耳的耳中,重耳感叹道:"这条蛇就是介子推啊,我正在担忧国家的事情,没有考虑到他的感受,这实在是我的疏忽。"

重耳心中对介子推充满了愧疚,他不想被世人认为是一个忘恩负义的小人,便赶紧派人召介子推前来受封。当得知介子推早已隐入绵山时,重耳更是亲带人马前往山中寻访。谁知那绵山蜿蜒数十里,重峦叠嶂,谷深林密,竟无法寻到介子推的踪迹。

这时有人向重耳建议放火烧山,到时候介子推被逼无奈,只能出来相见了。于是,重耳下令三面烧山,自己则在另一面生路上等待介子推的出现。可是,大火直烧了三天三夜,介子推却始终没有出现。

等到火熄灭之后,重耳赶紧令人去寻找介子推,结果在一棵烧焦的柳树下,发现了介子推母子的尸骨。重耳见状悲痛万分,他在介子推的尸体前哭拜不已。

重耳感念忠臣之志,将介子推葬于绵山,为其修祠立庙,并下令在介子推死难之日禁火寒食,以寄哀思,这就是"寒食节"的由来。

为了表达对介子推的纪念,在其死后第二年,重耳亲自来到柳树前祭拜他。没想到,当初那棵被烧焦的柳树,竟然奇迹般地抽出了新芽，人们认为这棵柳树是介子推生命的延续。

重耳望着复活的柳树，就好像看见了介子推一样。他缓缓走到柳树跟前，珍爱地掐下一枝，编了一个圈儿戴在头上，然后又从柳树上砍下一段树枝做成木屐，经常穿在脚上。一怀念起介子推的忠义，他就看看自己的脚下，嘴里时常念叨着："悲哉，足下！"然后对着木屐说些感激怀念的话。久而久之，人们就把"足下"当作一种对他人的尊称了。

介子推忠君赴义、鄙弃功名的气节，流芳百世，感人至深。黄庭坚曾写诗赞道"士甘焚死不公侯""满眼蓬蒿共一丘"。介子推看似迂腐的执着，实则是他高尚人格的体现。

割股充饥不言禄，一世忠义流万古。他是重耳的足下君，也是后人的"心上人"。一声足下，一生足下。其间感怀，无须赘言。

冯异：失之东隅，收之桑榆

日昃，贼气衰，伏兵卒起，衣服相乱，赤眉不复识别，众遂惊溃。追击，大破于崤底，降男女八万人。余众尚十余万，东走宜阳降。玺书劳异曰："赤眉破平，士吏劳苦，始虽垂翅回溪，终能奋翼黾池，可谓失之东隅，收之桑榆。方论功赏，以答大勋。"

——《后汉书·冯异传》

失之东隅，收之桑榆：原指在某处先有所失，在另一处终有所得，比喻开始在这一方面失败了，最后在另一方面取得胜利。

古人说："不计一时之得失，乃成大事之吉兆。"人生，就是一个不断得到，不断失去的过程，有得有失实属平常。但要是在得到的时候骄傲自满、得意忘形，在失去的时候怨天尤人、自暴自弃，那么，得到的还会失去，失去的也将不会再得。

那些成功做出惊天动地大事业的人，在其成大事之前，往往都不计较一时的得失。只要我们坚持努力，那些吃过的亏和受过的苦，终会成为我们的踏脚石，让我们一步步走向胜利。

那么问题来了：冯异是谁？为什么在他的传记中会出现这句话呢？

01
光复汉室，谦逊不争

很多人都说，光武帝刘秀的人生简直就像开了外挂一样，作为无权无势无后台的"平民"，他却能三年称帝，十五年扫平天下。他让刘汉王朝又延续了两百多年，是汉朝名副其实的中兴之主。

但实际上，这"一枝独秀"的辉煌，是无数英雄南征北战、抛头颅洒热血才创建出来的。因此，在天下平定之后，刘秀就册封了他手下功勋最大的二十八位将领，史称"云台二十八将"。

在这二十八人当中，征西大将军冯异，是一个极其特别的人物：冯异的功劳特别高，高到刘秀曾当众表示，冯异是他光复汉室、开创大业的道路上，为他披荆斩棘、扫除重重障碍的功臣；冯异的恩情特别深，深到刘秀曾亲口说，冯异对他恩重如山，简直就和父亲对儿子一样。

要是一般人，得到帝国君主这样的夸赞和感激，说不定就要飘飘然，分不清东西了。但冯异并没有得意忘形，因为冯异这人特别谦逊，虽然战功卓著，但从来都不夸耀于人。

在《后汉书》里就记载了这么一个故事：以前打仗期间，每到休息时，那些将军们就会凑在一起评功论劳，争论谁的贡献大。但往往是大家谁也不服气谁，最后总是争得面红耳赤，不欢而散。只有冯异，不仅不参与这种争论，反而还常常一个人躲在树下，一言不发。久而久之，军队里大家称呼他为"大树将军"。

有时和其他将军在路上相遇，他也总是主动将车避在一边，让别人先行。而在他这样的领导下，他的部队行军时，除了与敌方交战，其他时候都是走在队伍的后面，从来没有和别人因为抢道而发生过争斗。

《道德经》上说："夫唯不争，故天下莫能与之争。"因为谦让和不争，冯异反而得到了最大的名声。后来，军队里准备改编部队，军中的士兵们，都说愿意跟随大树将军。

02
损兵折将，失之回溪

但是，大树将军并非常胜将军。冯异得到过至高赞誉，也遭受过致命打击。

原来，在汉光武帝刘秀刚建立东汉政权时，天下还没统一。那时候东汉的敌人，除了王莽政权的各方残余势力，还有绿林、赤眉、铜马这三大起义军。其中，赤眉起义军因为占据长安、势力庞大、人员众多，成了东汉不得不先面对的最大敌手。因此，刘秀就派手下大将邓禹前去长安征讨赤眉起义军。

刚开始的时候，因为长安城里断粮，赤眉军首领不得不逃离长安。但还没等邓禹从胜利的喜悦中回过神来，赤眉军又打了回来，击退邓禹，重新把长安夺了回去。为了抢夺长安，刘秀在同一年的冬天，又继续派出了冯异从长安西边进军，配合邓禹围攻赤眉军。

于是，冯异听令率领西路军，在华阴、湖县一线，和赤眉军激战了六十多天。激战期间，冯异收降五千多人。按照这个势头，只要冯异稳扎稳打，过不了多久，就能取得胜利。

但就在这个时候，先前多次被赤眉军打败的邓禹，率领部队和冯异会合了。邓禹被之前的失败刺激得失去了理智，所以在和冯异会合之后，他就急功近利地派自己的部下抢先进攻赤眉军。谁承想，被冯异压着打的赤眉军遇到邓禹的部下之后，反而把邓禹的军队也压着打了一遍。

无奈之下，冯异只好放弃之前的作战计划，和邓禹一起率领主力军去救援。可是，"不怕神一样的对手，就怕猪一样的队友"，这位历史上有名的邓禹大将军，在一次次失败中，变成了冯异的"猪队友"：他在冯异救援好不容易成功之后，竟因为贪功，又再一次打乱冯异的作战计划，派兵去追击已经后退的赤眉军。

这下，赤眉军被彻底激怒，拿出了同归于尽的架势，返回来把汉军打得溃不成军。最后，邓禹带着二十四个骑兵仓皇逃走了。而冯异也被迫抛弃了战马，只带着几个人逃到了回溪大本营。

03
重整兵马，收之渑池

如果换作其他人，可能会把失败全部归咎于邓禹，然后赶紧甩锅，划分责任。但熟读兵法的冯异却告诉自己，胜败乃兵家常事，只要从战败中吸取教训，那么胜利迟早到来。

他回营之后，没有怨天尤人，也没有自暴自弃，而是立刻分析战况、坚壁守营，然后重整军马，把之前被打散的士兵重新召集起来，集齐数万人之后，又派遣使者和赤眉军再约一战。而且，他从上一次战败中得到灵感，先派出了一小队老弱病残的士兵，前去吸引赤眉军的注意。

与此同时，他让战斗力极强的精兵们穿着赤眉军的服装，全部埋伏起来。果然，刚刚取得胜利的赤眉军上当了。他们看到冯异派来的全是些没有战斗力的残兵，就认为冯异已经被他们打得毫无还手之力，只能用这些残兵剩将来拼命了。于是他们就放松了警惕，一路追着这些残兵剩将打。

而在赤眉军的体力消耗得差不多的时候，冯异一声令下，先前埋伏的精兵一跃而出，把赤眉军围了个水泄不通。最关键的是，这些突然冒出来的敌人和自己人打扮一致，这让赤眉军一下子分不清敌我，惊慌失措之下连连发挥失误。

就这样，冯异以数万残余部队，把赤眉军十多万的军队打得连连败退，最后陷入重围，被迫投降，而冯异也趁机平定了关中。

最后，光武帝刘秀在《劳冯异诏》的授勋书中说："始虽垂翅回溪，终能奋翼渑池，可谓失之东隅，收之桑榆。"他把冯异比喻为翱翔九天的大鹏鸟，就算曾经在回溪惨遭失败，如大鹏鸟受伤垂下翅膀一般，但他没有因为一时得失而灰心，重整旗鼓在渑池获得了巨大的胜利，像大鹏鸟最终展翅高飞，重回九天之上一样。

这个故事告诉我们：坦然接受得失是迈向成功的第一步。虽说"命运所馈赠的礼物，早在暗中都标好了价格"，但其实，命运所给的奖励，也一直在暗中寄送。所以，即使人世纷繁、得失难测，即使我们曾经失之东隅、暂且失去，但只要我们不曾放弃、坚持努力，那么，我们最终也会收之桑榆、达成目标。

苻坚：投鞭断流

坚曰："吾闻武王伐纣，逆岁犯星。天道幽远，未可知也。昔夫差威陵上国，而为勾践所灭。仲谋泽洽全吴，孙皓因三代之业，龙骧一呼，君臣面缚，虽有长江，其能固乎！以吾之众旅，投鞭于江，足断其流。"

——《晋书·苻坚载记》

"投鞭断流"意思是把所有的马鞭都投到江里，就能截断水流，用来形容兵士多，军力强大。

前秦天王苻坚攻打东晋前，曾放出狂言："军力强大，投鞭断流，不惧长江天险。"可前秦百万精兵对上东晋七万兵力的结果，却是东晋以少胜多，前秦一败涂地。这是怎么一回事呢？

01
临危出手，力挽狂澜

苻坚，生而不凡。《晋书》记载，他是母亲苟氏怀胎十二个月而生。出生时，有神光自天而降。他天生臂长过膝，眼有紫光，背上还有红色文字，写着"草付臣又土王咸阳"。时任东晋重臣的祖父苻洪认为这是吉兆，为他取名坚头，大名苻坚。这份吉兆，坚定了苻家自立为王的野心。

当时，西晋覆灭，晋朝南迁。从边疆迁入中原腹地的少数民族逐渐强大，纷纷建立政权。苻坚的祖父苻洪也不甘示弱，他想趁着后赵内讧的机会，夺下关中，却棋差一招，被人毒死。于是，苻坚的伯父苻健，带领部众一路逃到长安，建立前秦。

四年后，苻健病死，皇位落到儿子苻生手中。然而苻生暴虐成性，前秦差点因此毁灭，幸好还有苻坚力挽狂澜。在听到苻生想杀他时，苻坚先发制人，攻进宫城，囚禁苻生。

苻坚继承皇位，却不称皇帝，而是用了伯父苻健称帝前的称号——天王，也许是以此来表达对抢夺堂兄皇位的愧疚。但其实，苻坚接手的前秦，是个烂摊子——各民族杂居，民族仇杀此起彼伏，天灾频繁，豪强横行，老百姓苦不堪言。

苻坚继位后，果断整顿吏治，惩处豪强，平息内乱，并大力鼓励农业生产，开发山泽。更难得的是，作为少数民族统治者，苻坚却大力提倡汉文化，广泛设立学校，褒扬称颂有德行的人。在苻坚的励精图治下，前秦成为当时乱世里难得的一片太平乐土。

02
宽容用人，埋下隐患

前秦是由氐族贵族建立的政权，境内多民族杂居，民族矛盾十分复杂，苻坚采取了十分开明的统治政策。他宽容对待治下的各个民族，提拔人才，不拘一格。最令人称道的是，他对汉人丞相王猛的重用。

王猛少年贫穷，却博学多才。东晋桓温曾想招揽他，王猛却认为，桓温骄狂，东晋腐败，不是安身之地。后来经人引荐，他结识了苻坚，两人政见相得，一见如故。王猛执法严明，雷厉风行，惩治了很多贪官污吏和不法贵戚。

氐族贵族不服气，纷纷到苻坚面前告状。苻坚却坚决支持王猛，还感慨说："幸亏有王猛，才让我知道了法治竟然如此有用。"王猛也竭尽全力报答苻坚，大力整肃吏治，劝课农桑。他还亲自统兵消灭前燕，战功赫赫。后人将苻坚与王猛的君臣情谊与刘备和诸葛亮的关系相提并论，成为君臣相得的佳话。

随着前秦的不断向外扩张，又一批人才进入苻坚的视野，但他们的身份有点特殊，他们是降将。降将对君主而言，往往是烫手山芋。有些降将的确勇猛过人，才干出众，但其气节秉性，令人难以信任。历史上，既有被君主感动，一心效忠的降将，也有降而复叛，危害君主的故事。

苻坚相信自己会是前者。他宽待被征服国的王族，还对很多降将破格重用，其中就包括慕容垂和朱序。

慕容垂本是前燕皇子，因为能力出众，被太子和太后忌惮。为自保，慕容垂逃往前秦，受到苻坚隆重欢迎，还被委以重任。但王猛却不敢信任慕容垂，认为他是盖世豪杰，不会长居人下。为了消灭隐患，他施展计谋，让慕容垂父子以为苻坚将对他们不利而私自逃跑。不料，苻坚却对慕容垂既往不咎，还封他为京兆尹，让其管理京师重地。

朱序是东晋的大将，曾死守襄阳，抗拒秦军。后因小人出卖，朱序被迫投降。苻坚极其赏识朱序，不但杀了出卖他的小人，还任命朱序为度支尚书，管理国家钱财。

苻坚以为，他的宽广心胸会感化降将，却不知，有些人，是无论如何也不会被改变的。

03

降将反叛，淝水惨败

前秦强盛以后，苻坚走上了对外扩张的道路。他先后派兵灭了前燕、前凉、代国等，统一了北方，又想打过长江，灭掉东晋。王猛却坚决反对，他恳切劝告苻坚："晋朝虽然僻处江南，却是华夏正统，上下安和。您别去攻打晋朝，而要先清除掉鲜卑、西羌这些降服的贵族。他们贼心不死，迟早会是祸患。"

然而没过几年，苻坚就忘记了王猛的遗言，打算攻打晋朝。朝中大臣全体反对，包括太子、苻坚的兄弟和宠爱的嫔妃。唯独慕容垂表示："臣听说小不敌大，弱不胜强。如今陛下神圣威武，有百万强兵，无数名将，怎么能将晋朝这个敌人留给子孙呢？俗话说，上天给了好时机，千万不要错过。"

苻坚大为高兴，称赞他："能与我平定天下的，只有你了。"之后，苻坚派慕容垂等人率领二十五万步兵为先锋，自己亲率六十万步兵和二十七万骑兵，大举攻打东晋。

战争初期，前秦势如破竹。苻坚相信自己占据绝对优势，就派朱序到东晋劝降。不料，朱序一直心向晋朝。他私下对东晋大将谢石说："秦军总数有百万，晋军不可能抵挡。幸好目前多半还在路上。你要趁大军还没到来时，速战速决，击败前锋部队。"

谢石认为很有道理，就改变了原来的坚守计划，决定主动出击。他先是命令部将刘牢之进攻洛涧，击溃了前锋梁成，又率领七万人马来到八公山下，与秦军隔着淝水对峙。如此强大的战斗力，超出了苻坚的预计。他认定晋军是劲敌，把八公山上的草木，都看成晋军。

晋军兵少，秦军远来，双方都不愿意打持久战。谢石心生一计，就派人对苻坚说："你们往后退退，等我们过河好开战。"过河的时候，军队无法组成战斗队形，而且战船运兵能力有限，这明显是自降战斗力。

苻坚没想到对方将领居然这么傻，立刻就答应了，还计划趁着晋军渡河到一半的时候，派兵偷袭。但他却忽略了自己的军队数量太过庞大，军令不能有效传递到每个角落。果然，当前线的秦军接到命令后撤时，排在后面的军队完全搞不清楚状况。

朱序趁机带人高喊："秦军败了！大家快逃吧！"秦军大惊，纷纷逃窜。晋军趁势追击，大败秦军，连苻坚也受了伤。而朱序，早就趁乱回到东晋，再次镇守襄阳。

以百万之师，以强凌弱，却因朱序反叛，落得惨败而归。信错了人的代价，竟然如此惨重。

04
一代大帝，兵败惨死

淝水之战后，前秦分崩离析。苻坚重用的慕容垂、慕容冲、姚苌等降将纷纷反叛。苻坚无力抵抗，被迫逃亡，却落入姚苌手中。苻坚曾经很看重姚苌，将自己做臣子时的称号"龙骧将军"授予姚苌，却不料如今姚苌恩将仇报，逼迫苻坚禅位。

苻坚悲愤交加，大骂姚苌是叛贼，最终被绞死。一代大帝，下场凄凉如此，究其根本，在于他的轻信和用人不明。

他与贤臣王猛的风云际会，成就一代霸业。对降将慕容垂等人提拔重用，却导致自己兵败身死。宽仁大度和知人善用虽是优点，但要用在对的人身上。没有防范心的宽容和信任只会害人害己，最终演变成一场悲剧。

范蠡：鸟尽弓藏，兔死狗烹

> 范蠡遂去，自齐遗大夫种书曰："蜚鸟尽，良弓藏；狡兔死，走狗烹。越王为人长颈鸟喙，可与共患难，不可与共乐。子何不去？"种见书，称病不朝。人或谗种且作乱，越王乃赐种剑曰："子教寡人伐吴七术，寡人用其三而败吴，其四在子，子为我从先王试之。"种遂自杀。
>
> ——《史记·越王勾践世家》

自古以来，功成名就的名臣良将众多，而得善终者却很少。不过春秋时代的范蠡，却是一个例外。宋代学者黄震说："春秋战国近五百年，以功名始终者唯范蠡一人。"范蠡之所以能有这样完美的结局，是因为他悟透了八个字——鸟尽弓藏，兔死狗烹。

我们都知道财神爷，其中最著名的文财神正是范蠡。当年范蠡离开越国时，身上仅有少量细软，但他很快积财十万，直到身家过亿。也因此，他被后世尊为财神爷。但在人们的印象中，范蠡是越国的重臣，越王也从来没有亏待过他，他为什么一定要下海经商呢？这要从多年以前的吴越恩怨说起。

01
入朝为官

春秋时期，北方的晋国与南方的楚国长期争霸。楚国之东是吴国，吴国之南是越国。吴越两国均是小国，且越国还是吴国的属国。晋国为了牵制楚国，就扶持吴国。吴国渐渐强大，开始与晋国联合伐楚。

处于晋、吴夹击中的楚国，则扶持越国。越国也日益强盛，在军事上不再与吴国保持一致。

吴国见越国不再臣服自己，就发兵攻打越国，结果遭到越国的拼死抵抗。吴越两国由此结怨。

范蠡就是在这种背景下来到越国的。他本是楚国宛城人，胸怀大志，博览群书，常和宛城县令文种一起谈论天下大事。

那时的楚国，楚平王重用奸臣，杀害忠臣、能臣，政治十分黑暗。吴国呢，则人才济济，恐怕难有范蠡、文种的一席之地。而越国，正是缺人之际。另外，因受到楚国的大力扶持，越国正处在上升通道。范蠡和文种于是一起来到越国。果然，范蠡因才能出众，很快被当时的越王允常封为上大夫，文种也得到重用。

五年后，吴王阖闾乘允常去世之机，攻打越国。战争中，阖间被砍掉脚趾,伤重感染而亡。

阖闾死时叮嘱太子夫差,一定不要忘了向越国复仇。于是夫差即位后,积极筹备征伐越国。

02
陪君为奴

三年后,越王勾践得到消息——蓄谋已久的吴国很快就会攻打越国。越王不想坐以待毙,于是就想先下手为强,入侵吴国。范蠡苦苦相劝:"贸然发动战争入侵他国,是违背道义之事。为人处世要走正道,暗中争夺那是下策,上天不会支持您的。"

越王却说:"吾意已决!"于是出兵伐吴。

吴国为了向越国复仇,已经厉兵秣马三年,其战斗力自然不是匆匆参战的越兵能抵抗得了的。很快,越王勾践被围困在了会稽山上。

越王后悔没听范蠡的话,就问范蠡眼下该怎么办。范蠡叹了口气,说:"为了保存实力,您还是讲和投降,去侍奉吴王吧。"越王这次乖乖听了范蠡的话,向吴王投降了。

离开越国之前,越王想让范蠡留在越国主持政事。但范蠡说:"在治理国家这方面,文种远胜于我,还是让他留下来吧,我和您一起去吴国。"于是范蠡跟随越王一起来到吴国,做了吴王的奴隶。吴王听说范蠡是个人才，就劝他为自己效力。但范蠡说："亡国之臣，不敢妄想官位。"于是拒绝了。

当亡国奴的日子似乎没有尽头，直到有一天，范蠡听说吴王病了。他卜了一卦，知道吴王不会死，于是建议越王去品尝一下夫差的大便，就说越王能从中看出病情。越王同意了，果然去尝了夫差的粪，并说了一通似乎很有道理的治病之言。

夫差病好后，对越王好感顿增，于是大发慈悲，放越王回国了，范蠡也一同返回。

03
助君复仇

回国后，范蠡被封为上将军，统帅三军，后来又做了相国。在范蠡步步高升时，越王却越来越焦灼。回国已经五年，但越王发现，大家都在好好地过日子，竟然没有人主动提出要为他复仇，不由得怒从心起，立刻把众大臣叫来训话。

已是相国的范蠡和大夫文种等人静静地坐着，等着越王发火。越王质问道："你们身为我的臣子，怎么没一个人替我谋划报仇的事呢？"大臣们默不作声，只有年轻的计倪说："范相国和文大夫最有能力，您还是问问他们吧。"

于是范蠡和文种、计倪等，开始制定并实行削弱吴国的策略。例如，越国向吴国进献良木、美女，诱使夫差大兴土木、沉迷酒色；向吴国借粮，归还的却是蒸熟的种子，让吴国出现灾荒。

越王看着吴国一天天衰落下去，很是开心，想立刻去复仇，但被文种劝住了。越王于是把目光转向国内，就把范蠡叫来问问军备如何。范蠡说："士兵的近身搏斗能力不行。我听说南林有位越女，剑术超群。大王您如果聘请她来做教练，她应该会来的。"越王于是派人聘请越女。

越女在北上朝见越王的路上，遇到了一个自称袁公的老头。那老头说："听说你剑术很厉害，能不能让老夫开开眼？"越女说："那我只好一试身手了。"袁公于是拔起一根竹子，谁知那竹子的梢已经干枯，竟然掉下来了。越女赶紧捡起竹梢，拿在手中。她才刚刚站稳，袁公的竹竿就刺了过来。

越女并未还击，而是巧妙躲过。如此三次，越女突然举起竹梢刺向袁公。谁知那老头忽地跃上枝头，变成一只白猿跑了。故事虽然有些传奇，不过却可以说明这女子的剑术很厉害。果然，越女成为教练后，越军的战斗力大大提高。范蠡尽心尽力辅佐着越王，让越国越来越强盛。

04
急流勇退

公元前482年,早已按捺不住的越王,趁吴王离开吴国北上和诸侯会盟时,兴兵伐吴,几次征战之后,终于灭掉了吴国。为了庆祝胜利,越王大宴群臣。

席中,文种在祝酒词中赞美了越王的战功,越王却一言不发。文种又祝了一次酒,在祝酒词中特意提到"灭仇破吴,不忘返国",意在提醒越王适可而止,灭掉吴国后,尽早返回越国。

大家很是赞同,听了纷纷点头,但越王却愈加不开心。范蠡知道越王心中有更大的虚荣,还想继续北进中原,称霸天下,并不想返回越国。至于战争会不会给大臣和人民带来负担,他并不放在心上。

越王果然继续进军,终于成了春秋最后一个霸主。就在此时,范蠡对越王说要离开越国。越王不同意,还说:"你要留下,我就分一半江山给你。你要走,我就把你老婆孩子都杀了。"范蠡苦笑:"我老婆孩子有什么错呢?"当晚他便收拾细软,乘上早已准备好的船,离开了越国。

范蠡来到了齐国,给文种写了一封信,说:"人有盛衰,福极祸来。鸟已尽,弓将藏,兔已死,狗将烹。越王那个人,长了个长长的脖子,小鸟一样的尖嘴巴。这样的人只能共苦,不能同甘啊!你为什么不离开他呢?"

然而文种或许是贪图富贵，或许是不相信范蠡的话，只是装病不上朝，却下不了决心离去。终于，文种被越王赐死。而到了齐国的范蠡，则悉心经商，不久就积累了十万钱的财富。

与此同时，齐国请他做相国，但范蠡认为大富大贵很不吉利，拒绝了。之后他把家产散发给亲友，只带着重要的财宝，到了今天的山东省定陶区，很快又积累了许多财产。从高位上退下来的范蠡，不仅没有穷困落魄，反而越来越辉煌。

想当年，范蠡不计耻辱、不顾艰辛，为越国鞠躬尽瘁，最终帮助越王成就了霸业。但是当越国达到顶峰时，他不是留下来享受荣华富贵，而是急流勇退。因为他深深明白：人要有舍，才能有得。

功高难免震主，功成即可身退。当越王发现，他离开越国的那几年，群臣竟然在他不在场的情况下，能把国家治理得井井有条，他自然感受到了威胁。只不过他还要依赖大臣们灭掉吴国，所以不好发作。

如今霸业已成，在越王的心里，这些重臣自然就留不得了。可惜只有范蠡看透了这一点，所以他才宁可不要"半壁江山"的荣华富贵，也要离开。

之后的范蠡，过得比前半生更加精彩，而且潇洒自由。如果当时文种能看透"鸟尽弓藏，兔死狗烹"这八个字，纵使不能像范蠡那样富可敌国，至少也会有个平安喜乐的晚年吧。

房玄龄和杜如晦：房谋杜断

> 房、杜二公，皆以命世之才，遭逢明主，谋猷允协，以致升平。议者以比汉之萧、曹，信矣！然莱成之见用，文昭之所举也。世传太宗尝与文昭图事，则曰"非如晦莫能筹之"。及如晦至焉，竟从玄龄之策也。盖房知杜之能断大事，杜知房之善建嘉谋，禆谐草创，东里润色，相须而成，俾无悔事，贤达用心，良有以也。
>
> ——《旧唐书·房玄龄、杜如晦列传》

房谋杜断是指唐太宗时，名相房玄龄多谋，杜如晦善断，两人同心济谋，传为美谈。后用来形容能人之间的合作。

对任何一个想要建功立业的帝王而言，自身谋略才干出众与否当然很重要，但同样重要的是，你手下有没有一批能力超群的文臣武将。

可有人的地方，就有江湖，尤其是纷纷扰扰的朝堂。遍观历朝历代的武将，大都以豪爽耿直、好勇斗狠而著称。然而文臣却不同，你可以看到一流武将们在朝堂上称兄道弟、插科打诨，却很少看到两个顶级文官相互赏识、相互帮助。

很多同时代的天才谋士，要么以惺惺相惜的对手身份流传后世，要么以前后相继的方式成就一段佳话。比如诸葛亮和司马懿，两个人绝不可能同朝为官，但却在十余年的激烈对决中互相敬重。再比如萧何与曹参，前者就像是后者的前辈大哥，两人各自发光发热的时期也刚好错开。毕竟，文官的心思更加细密，思考更加深广。

可有人偏偏战胜了这种文官的本能，用独具慧眼的判断，让皇帝提拔了另外一个稀世大才，帮助皇帝开创了贞观之治的局面。这个人，便是初唐时期的丞相房玄龄。

01
慧眼识珠，心有灵犀

房玄龄名乔，字玄龄，自幼博览群书，聪慧过人，十八岁便考中进士。早在晋阳起兵的时候，房玄龄就选择投靠秦王李世民。说来也巧，素未谋面的两个人，居然产生了一见如故的亲近感，仿佛前世的因缘注定他们会共同创业。

投靠李世民后，房玄龄开始担任秦王府记室参军，不仅要为李世民出谋划策，还要管理文书和人事。作为秦王的臂膀，房玄龄有一个最鲜明的特点：爱招纳贤才。

当李世民大军每每攻陷一座城池的时候，其他人总会极力去搜寻奇珍异宝，唯独房玄龄心无旁骛，一门心思寻找值得吸纳的人才。比如在击败王世充后，房玄龄就觉得他的旧部张亮是个颇有谋略的能人，于是建议李世民将其收降。

那么，对于内部已经存在的贤才们，房玄龄又会如何对待呢？

高祖李渊平定长安后，太子李建成觉得二弟李世民的势力太大，将来完全可能威胁自己的统治，于是便上奏父皇，恳请将秦王府的众多幕僚调任至地方。李渊本来就对这个老二有些放心不下，眼见太子亲自上奏，干脆就顺水推舟，批准了太子的申请。

这一来，李世民就有些慌张了，因为这个政治信号太过明显。看着昔日熟悉的下属们接二连三地调走，他心里非常不是滋味。有一天，李世民就找到房玄龄吐槽："玄龄啊，你看父皇和兄长这架势，不光是要折我羽翼，还要让我就此失势啊。"

谁知房玄龄一听，只是微微一笑，并没有立即回应。李世民见状，万般不解，连忙追问道："如此危急，何故发笑呢？莫非你已有解决之策？"

房玄龄哈哈大笑："虽然您看到众多旧部纷纷离去，但其中十之八九，都是稀松平常的人，没必要太过可惜。只是有些人的离去，确实会让您痛失臂膀。"

"你说的这些人，都有谁呢？"

"杜如晦。此人是真正的王佐之才，如果您想纵横天下，一定要把他从远方弄回来。"听完这话,李世民如梦初醒:幸亏玄龄提醒,我险些误了大事。于是,他当即上奏朝廷,请求将杜如晦调遣回来。

02
双剑合璧,天下归一

杜如晦回到李世民身边后,一时间不明白怎么回事。因为纵观历史,同朝为臣的顶级文官很难实现心灵契合,基本都是明争暗斗,为了各自的派系和原则不死不休。而身居高位的房玄龄,居然让一个潜在的竞争对手从千里之外回到朝堂,他真的对这些毫不在意吗?

在房玄龄心里,李世民的江山社稷,百姓的安危福祉,远远比个人地位重要百倍。在高祖皇帝怀疑、太子建成提防的情况下,李世民的处境早已险象环生。如果再不聚拢人才,集思广益,那就不是个人小蛋糕多少的问题,而是整个大锅饭能否吃下去的问题。

正是由于房玄龄的大度谦和,杜如晦才拥有了充足的施展空间。两人共同在李世民帐下效命,可谓是一时瑜亮,各有千秋。有了两位稀世贤才的辅佐,李世民的事业也是蒸蒸日上。

然而好景不长,太子李建成看出此二人绝非等闲,将来必为祸患，于是又暗中作梗，借朝廷之手将房玄龄和杜如晦驱逐出秦王府。对此，李世民是千般抗拒，万般不舍。

但毕竟周围政治环境险恶，无数双眼睛盯着他的一举一动。所以，他只能忍痛割爱，眼睁睁看到自己的左膀右臂被逐出京城。这一别，就是整整五年。

当他们再度出现在李世民的视野中时，已经是公元626年。这一年，太子和秦王的斗争日趋白热化。李世民身边不乏能征惯战的猛将，却没有运筹帷幄，料敌机先的智囊，这在瞬息万变的政治斗争中绝对是致命弱点。

于是，他想到了天各一方的房杜二人。但他们已经被朝廷公然驱逐，一旦私自返回，等待他们的只有死罪。可李世民心里很清楚，这既是大唐的国运之战，也是他个人的命运之战，成败在此一举。

不久后，一个月黑风高之夜，大将尉迟恭带着两位道士进入秦王府，他们就是乔装后的房玄龄和杜如晦。双方相见，感慨颇多，一番寒暄后，众人开始酝酿一个惊天计划，这便是日后的"玄武门之变"。

那一天，李建成倒在自己二弟剑下，泣血的玄武门如怨如慕，低吟悲悯之时，似乎又隐隐召唤着更加雄浑壮美的大唐气象。房杜智慧的光芒，就像空中的双子星，相映成趣，熠熠生辉。

03
心有灵犀，共襄盛举

李世民君临天下后，房杜两人当仁不让地位列文官的前二位。经过多年的沉淀，大家都形成了一个共识：房玄龄多谋，杜如晦善断。

多谋，意味着策略思维强大，能够为问题规划很多解决方案，这是房玄龄的最大特点。但是，再好的决策也需要选择和执行。如果不能在眼花缭乱的策略中寻找出最适合自己的那一个，那么再多的头脑风暴也无济于事。

而杜如晦，就十分擅长选出最合适的方略。建政之后，经常出现这样一个情景：御花园的凉亭里，李世民跟房玄龄因为某个决策展开激烈讨论。李世民说："房爱卿，朕觉得如此行事颇有不妥。"房玄龄回道："若陛下觉得此计不可行，不妨听听臣的其他想法。"

来来去去，李世民终于选出了自己心目中的最佳方案。这时候，房玄龄往往会哈哈大笑："陛下莫急，还是等老杜来了，再做决断不迟。"

对于杜如晦，房玄龄始终给予最大的尊重和肯定，而杜如晦也是知恩图报、深明大义之人。只要房玄龄的方案不是太过离谱，他都只会肯定，不会否决。

身为一代雄主，李世民也会极力为房杜二人扫清障碍，从而使他们发挥全部能量。房杜分别担任左右仆射的时候，李世民就觉得他们太过繁忙，没有时间去招贤纳士，于是让尚书省去处理很多鸡毛蒜皮的事务，以便充分解放他二人的工作时间。有了李世民的支持，房杜二人才能够沉下心来，潜心思考整个唐朝的官僚体系和人才选拔制度。

因为他们二人是举世闻名的经典组合，一个多谋，一个善断，所以在国家吏制改革的问题上，房杜二人也极力主张人才之间的有机结合。宁愿砍掉人浮于事的职位，剔除一些不合理的人才选拔标准，也要科学搭配，合理安置，让有限的人才发挥最大功效。经过房杜二人的梳理和改造，唐朝初年的行政体系和人才选拔体系就变得非常高效合理。

世人眼中，杰出的天才一定要分庭抗礼，势不两立，才能激发无穷的创造，上演超凡的戏码。可在房玄龄和杜如晦之间，没有文人相轻的行业法则，没有你死我活的政治立场，只有相辅相成，共谋大事的豁达与坦荡。

在他们心中，那些所谓天生注定的相互抗争，不过是代代无穷的庸人自扰。同一片山河，同一座宫殿，他们怀揣着经邦济世的理想，在瞬息万变的世间保留着对彼此最诚挚的信任与尊重。

羚羊挂角，光风霁月，房杜二人留下的政治遗产，也随时间化作细雨轻烟，滋润着万物，缭绕着众生。这便是真正的大唐气象吧。